オトナ女子のための美容化学

しない美容

美容化学者 かずのすけ

ワニブックス

スキンケアは
シンプルに！
CeraShell
CeraCure
CeraVeil
Skin wash
- Extra -
CeraVeil
Skin wash
- Induce -
CHEMISTRY
LANGE
NINTH EDITION
THE CONCISE OXFORD DICTIONARY
OXFORD
NORSK HISTORISK LEKSIKON
SAGA BOOK
HISTORY OF ENGLISH POETRY

必要最小限のスキンケア

かずのすけ式「しない美容」

「しない美容」とは、できるだけ手間を省いて必要最小限のスキンケアだけでお手入れしましょうという考えです。今のスキンケアはピーリングやパックや乳液など本当はムダなものがたくさん。そんな固定観念を捨てて、「しない美容」を目指しましょう。

Step:1 オフに時間をかけない 油脂クレンジングを選ぶ

Step:2 小鼻の角栓はかき出さない 油脂パックで優しく浮かす!

Step:3 洗顔は「泡を肌に転がす」だけ ゴシゴシこすらない20秒洗顔

Step:4 「石鹸＝安全」神話は根拠なし 低刺激の洗顔料を選ぶ

Step:5 洗い流しのラストは 冷水で肌の温度を下げる

Step:6 大量にバシャバシャ付けない 500円玉で充分

Step:7 コットンパック・シートマスクはいらない。手で塗ればいい

Step:8 乳液・クリームのダブル使いは必要ない

Step:9 美顔器コロコロしない その分早く寝たほうが◎

初心者でも見抜ける!「コスパのいいスキンケア」を選ぶコツ、教えます!

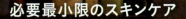

Step:1

オフに時間をかけない油脂クレンジングを選ぶ

CeraVeil
Platinum Cleansing Oil
Ceramides is an important component of skin, so it's important to protect and wash.
Produced by Kaznosuke
アルガンオイルやマカデミアナッツ油などの動植物の油がベース！
ちょっとお高いけど肌がみるみる潤う！

油脂クレンジングを選ぶ

油脂系クレンジングは、オイル特有の高いメイク落とし力を持ちながら、肌に必要な保湿成分や油分は適切に残しつつ洗えるという、非常に優秀なクレンジングです。

＼NGケア！／

うっそ〜……
オイルしかないの？
無理無理無理〜……
完全に無理〜

ミルクやリキッドは低洗浄力で対応できるメイクの幅が狭く、クリームはお風呂場では使えない短所があります。また低洗浄力のクレンジングでもオフに時間がかかると、それだけ乾燥しやすくなるという問題も。

オイル拒否！ ミルクレ女子

クレンジングの種類による洗浄と肌負担

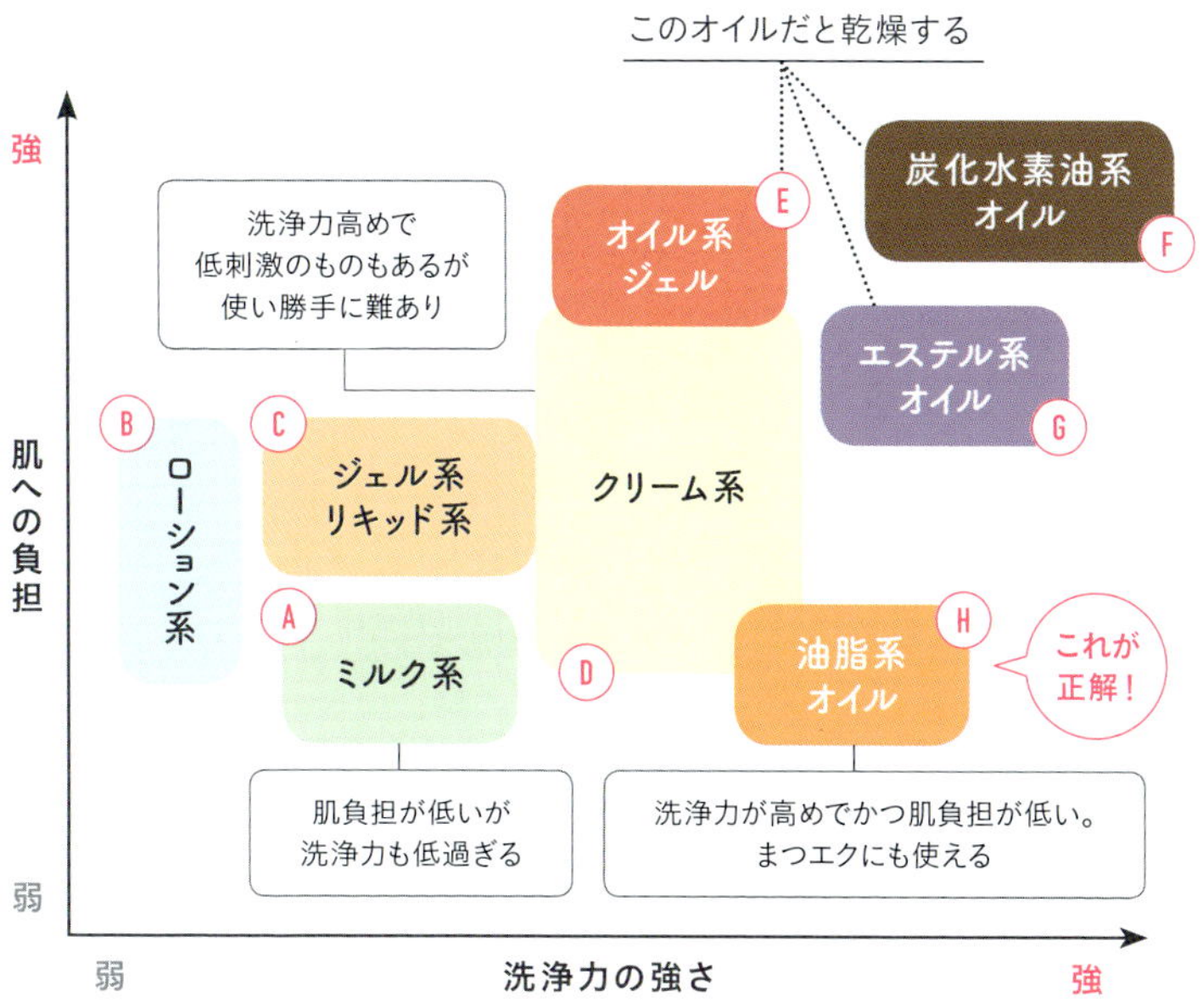

Ⓐ **ミルク系**
肌負担は軽いが洗浄力が低過ぎて対応できるメイクが少ない。

Ⓑ **ローション系**
界面活性剤のみで洗浄するため低洗浄力の割に肌負担大。

Ⓒ **ジェル・リキッド系**
基本的にはローションタイプにゲル化剤を加えただけ。

Ⓓ **クリーム系**
主成分のオイルによっては優秀だが、お風呂場で使えない。

Ⓔ **オイル系ジェル**
ミネラルオイル系をジェル化したものが主流のため乾燥しやすい。

Ⓕ **炭化水素油系オイル**
ミネラルオイルなどを主体とした、もっとも一般的な強力なクレンジング。

Ⓖ **エステル系オイル**
炭化水素油系よりは低負担だが、脱脂力高めで乾燥肌には不向き。

Ⓗ **油脂系オイル**
人皮脂と類似のオイルのため高めの洗浄力なのに乾燥せず低負担。

Step:2

小鼻の角栓はかき出さない 油脂パックで優しく浮かす！

小鼻には油脂を5分置くだけ

1．角栓が気になる部分へ油脂クレンジングを置く。
2．そのまま5〜10分放置。
3．水分を加えて乳化させ、洗い流す。

多少の角栓が残っても放置でOK！
毛穴内部に多少の角栓があるのは正常な状態。
肌が乾いて毛穴が閉じれば見えなくなります。

＼NGケア！／

でかいの取れますように〜
毛穴って本当に
可愛くないわ……

角栓の原因は洗浄力や刺激の強いスキンケア。なので、毛穴の角栓を必死に取れば取るほど増えてしまうという悪循環です。

角栓ねこそぎ取る女子

Step:3

洗顔は「泡を肌に転がす」だけ ゴシゴシこすらない20秒洗顔

かずのすけ推奨！ 20秒洗顔

1. ネットで大き目の泡を立てる。
2. 滑らせるように泡をのせる。
3. 洗顔時間の目安は20秒。早めに洗い流す。

＼NGケア！／

火山灰って汚れをごっそりかき出してくれそう〜強そう〜

吸着系の洗顔料は、極度の乾燥やそれに伴う皮脂量の増加によるテカリ肌やニキビなどの原因に。

泥や火山灰に頼るテカリ女子

Step:4

「石鹸＝安全」神話は根拠なし 低刺激の洗顔料を選ぶ

各洗浄成分の洗浄力イメージ

洗浄力＆刺激強い ← → 洗浄力＆刺激弱い

洗浄力と刺激が強く肌に負担になる場合も
- ラウリル硫酸Na
- オレフィンスルホン酸Na
- ラウレス硫酸Na
- 石鹸
- カリ石鹸

低刺激ながら高めの洗浄力を持っている
- スルホコハク酸Na
- ココイルメチルタウリンNa
- ラウレスカルボン酸Na

とても低刺激だが洗浄力は非常に低い
- ラウロイルメチルアラニンNa
- ココイルグルタミン酸Na
- ココアンホ酢酸Na
- コカミドプロピルベタイン

洗顔料選びが美肌のカギ

洗顔料はクレンジングと並んで肌負担が大きいので注意して選びましょう。一般に安全と思われている「石鹸」は実はとても洗浄力が高いので乾燥肌や敏感肌には不向き。

しっかり洗った気になっても
絶対洗い残しあるからね……

自分の肌にとって強過ぎる洗顔料での洗い過ぎは、肌のバリア機能が低下してさまざまな肌トラブルの原因に。自分に合った洗顔料選びを！

潔癖!? 顔も体も洗い過ぎ女子

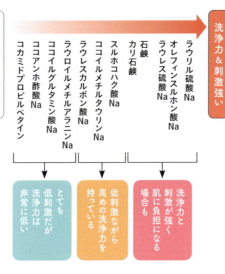

かずのすけの
選ぶのどっち？

肌に優しい洗顔はどっち？

A 泡になってる洗顔料

OR

B 泡立てネットで泡立てる洗顔料

正解は…

B 泡立てネットで泡立てる洗顔料

泡のまま出てくる洗顔料はとても便利ですが、実は注意しなければならない点があります。それは「防腐剤」などの濃度が高い点。普通の洗顔料は泡を作るときに水分を加えるのでもとの濃度から薄める前提で作られていますが、泡で出てくる洗顔料は内容物の濃度そのままが泡となって出てきます。薄めない分、肌に触れる防腐剤濃度などは高くなります。また、最初から泡にするためには増粘成分が必要なので、その増粘成分の品質によっては肌負担になってしまう場合も。肌への刺激を考慮すると、少し面倒でも自分で泡立てネットで泡立てるほうが賢明です。

Step:5

洗い流しのラストは冷水で肌の温度を下げる

肌の水分蒸発を防ぐ！

お湯やぬるま湯で洗顔した肌は、普段の肌より温度が上がっています。そのままでは肌の水分が蒸発しやすいので、洗顔の締めは冷水で肌の温度を下げましょう。

＼NGケア！／

お肌の状態を
1回クリアに
してあげないとね

日本の水はミネラルの少ない「軟水」です。海外の水より格段に優しく水道水の肌への影響は気にしなくてOK。

精製水で塩素を拭き取り女子

Step:6

大量にバシャバシャ付けない……500円玉で充分

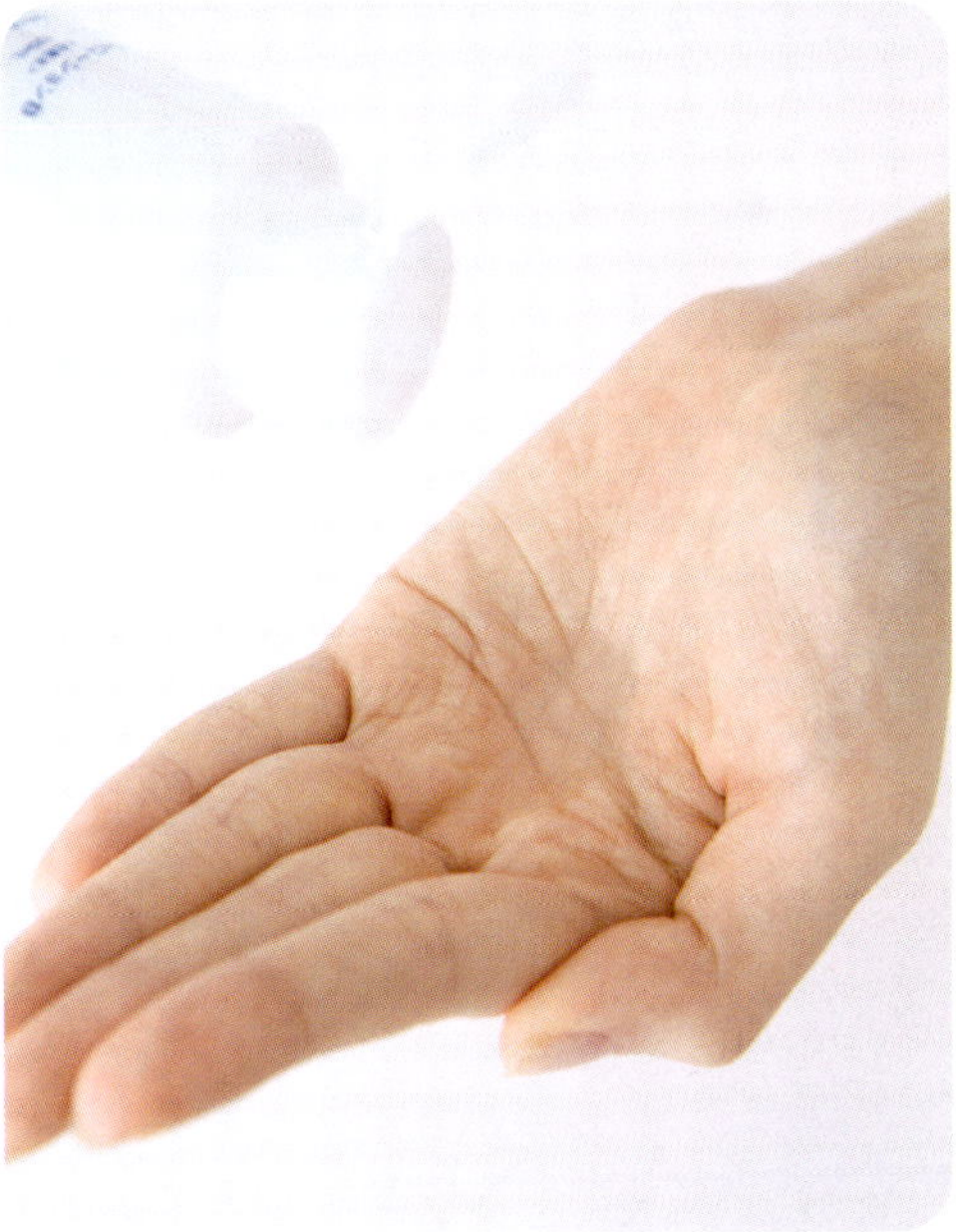

化粧水は500円玉大が適量

肌にとって乾燥は大敵ですが、だからといって「保湿し過ぎ」も肌バリアの低下につながります。洗顔料を優しくすれば必要な保湿剤量も減るので最低限の保湿を心がけましょう。

＼NGケア！／

化粧水は惜しまず使うの……お肌がゴクゴク飲めますように

化粧水は中身100%全てが良い成分ではありません。化粧水を必要以上に塗ることによって、刺激のリスクも上がります。

化粧水で顔面ズブ濡れ女子

Step:7 コットンパック・シートマスクはいらない。手で塗ればいい

手が最高の道具

化粧品は肌の表面にある「角質層」より奥には浸透しません。なので、コットンパックなどで浸透を願っても意味はありません。手で塗るので十分です。

肌を活性化させつつ化粧水を浸透させる……って技なわけ

パッティングは肌を叩くので刺激となり「メラニン」の生成を促してしまい、黒ずみやシミの原因となってしまうかも。

浸透願ってパッティング女子

かずのすけの

選ぶのどっち？

肌に優しい化粧水はどっち？

A 高品質の化粧水を少し

expensive

OR

B 安い化粧水を大量

inexpensive

正解は…

A 高品質の化粧水を少し

P11でも解説しましたが、化粧水をたっぷり使うとその分肌への刺激が増します。そして、安い化粧水と高い化粧水の差は、保湿成分や美容成分の種類や濃度（図参照）。なので、肌負担にならない最少限の量で肌を潤すことができるAが正解です。

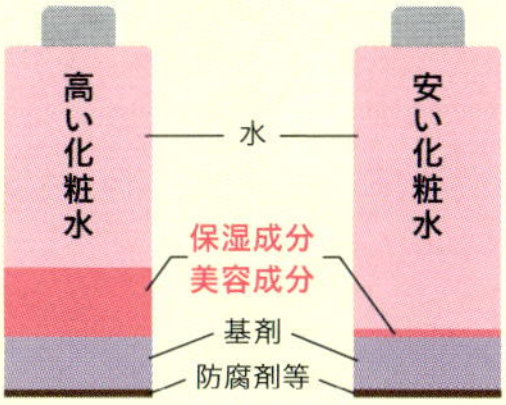

Step:8

乳液・クリームのダブル使いは必要ない

油分過剰は肌荒れのもと！

肌にとって最高の〝フタ〟は、肌自らが分泌する「皮脂」。だから化粧水、美容液だけで保湿は十分だと考えています。乾燥するときに少量のクリームはOKですが、乳液・クリームのダブル使いは油分過多になりがちです。

NGケア！
はいっ、お肌守りま〜す
今日も頑張りました〜

乳液もクリームも油分を含むスキンケアアイテム。乾燥対策に油分を補給するならどちらか一方でOK。ニキビ肌質など皮脂量が多い人は両方不要の場合もあります。

乳液で潤う徹底ガード女子

Step:9

美顔器コロコロしない その分早く寝たほうが◎

余計なことをしないで寝る

美顔器や美容家電の肌への効果は、今のところ確実に良いといえる根拠が不十分のものが多いです。過度な摩擦や吸引、無理な浸透は肌に負担になる場合もあるので、余計なことで夜更かしするより、早く寝る！ 肌へのなによりの栄養は十分な睡眠です。

＼NGケア！／

やばいコレ効きそう〜！！
絶対キレイになれるやつじゃん

美顔器の実態は謎に包まれていて、どんな構造なのかも謎。効果も構造も把握できないものを使うのはリスクが高いでしょう。

最新！ 美容家電大好き女子

初心者でも見抜ける！

「コスパのいいスキンケア」を選ぶコツ、教えます！

Q ドラッグストアの商品でも、デパコスに負けない商品ってあるの？

A あります！

5000円以上するコスメは、中身より容器などにコストがかかっていることも。ドラッグストアに売っているアイテムも、3000円以上のものであれば中身の品質自体はデパコスと同等かそれ以上のものもあります。スキンケア系なら、ベビー用化粧品や製薬会社の商品などはお値段より高品質のものが多いと感じています。

Q かずのすけさんが、美肌にもっとも有効な成分を1つ選ぶとしたら、なんですか？

A ずばり、セラミドです。

セラミドは、肌バリアを維持するのにもっとも重要な成分。乾燥肌などはもともと皮膚のセラミドが不足しているのが原因とも言われています。セラミドの中でもっとも効果があるのは『ヒト型セラミド』。セラミドはいろんな種類がありどれも効果的ではありますが、もっとも効果的なヒト型セラミドを選ぶ際には成分表に「セラミド2」や「セラミドEOP」などのように『セラミド』という言葉がしっかり書いてあるものを選びましょう。疑似セラミドや類似体は成分表にセラミドとは書いてありません。

洗顔料

Q 選ぶべき価格帯は?

A 1500円～3000円

Q 避けるべき商品は?

A ラウリル硫酸Naなど洗浄力が強いもの。洗浄力が強いものは刺激となります。

Q 良コスパ商品は?

A マイルドな洗浄成分の「カルボン酸系」や「アミノ酸系」のものがおすすめ。

クレンジング

Q 選ぶべき価格帯は?

A 3000円程度

Q 避けるべき商品は?

A 『ミネラルオイル』がベースの商品は避けましょう。ミネラルオイルは肌が乾燥します。

Q 良コスパ商品は?

A 『油脂』ベースのクレンジングです。理想的なのは「抗酸化油脂」。米ぬか油やアルガンオイル、マカデミアナッツ油などをベースに使ったクレンジングを選びましょう。

美容液

Q 選ぶべき価格帯は?

A 5000円程度

Q 避けるべき商品は?

A 美容液は必ずしも必要ではなく、高ければ良いというものでもありません。高級なものは安全性が高いというよりブランド価値による値付けが大半なので注意を。

Q 良コスパ商品は?

A 重視したいのは肌バリアを高める「セラミド」と、肌の酸化を防止する「抗酸化成分」を含むかどうか。ベースを低刺激に抑え、これらの美容成分をバランス良く配合している美容液は優秀なものが多いです。

化粧水

Q 選ぶべき価格帯は?

A 2000円～3000円

Q 避けるべき商品は?

A 主成分に「エタノール」や「ペンチレングリコール」などを含むもの。主成分として配合されると敏感肌には負担。「ハマメリスエキス」などを含む収れん化粧水や拭き取り化粧水は不要です。

Q 良コスパ商品は?

A 主成分が「BG」や「グリセリン」などを含むもの。敏感肌にも負担の少ないベース成分で、さっぱり系がBG、しっとり系がグリセリン。セラミドが入っているとさらに◎。

はじめに

「オトナ女子のための美容化学　しない美容」をお手にとっていただき、誠にありがとうございます。〝美容を教える化学の先生〟として活動させていただいています、かずのすけです。

本書は2017年7月に刊行された『オトナ女子のための美肌図鑑』の続編という位置づけに当たり、前作同様オトナ女子シリーズらしい面白さに加えて、さらに広く深い美容知識を詰め込んだかずのすけ渾身の一作となっております。

特に今作では、前作にはあまり盛り込めなかった「メイクアップ」の話題を豊富に取り上げ、その他にもネイルケアや日常生活に至るまで、真に美しく賢いオトナ女子を目指すための美容化学を網羅しています。必ず皆様の美容のお役に立てるはずですので、ぜひご活用ください。

『しない美容』という考え方

「美容はたくさん色々やったほうが良い！」と考えてしまいがちですが、実際には前作でもお伝えしたように多くの人が不要なケアである「ムダ美容」を重ねていて、それが逆に肌の状態を悪くしてしまう原因になっています。

僕自身はブログや他の書籍でも何度もお伝えしているように、適切なスキンケアは美肌を保つためには必ず必要だと考えていますし、なにもやらないよりは絶対にやったほうがいいでしょう。ですが多くの人は「適切」を超えてやり過ぎてしまっているので、**それならばムダ美容をとにかく省いてやめていくほうがむしろ綺麗になれるんだよ**、ということを説いたのが前作の内容でした。本作でもこのテーマは同じです。

注意して頂きたいのは、『しない美容』とは「美容（スキンケア）をするな」という意味ではありません。

真に綺麗になるために必要なケアはそんなに多くはないので、あれこれ足していくムダ美容を見つめ直して、**自分に必要なケア以外はしない**。この引き算的発想の美容の考え方が『しない美容』です。

「いっぱいケアしなきゃいけない」「高いものじゃないと肌に悪い」「美容はお金もかかって時間もかかって大変！」という考え方はもう古いものです。

本書で本当に大切な美容学を学べば、自分に必要なケアが実はこんなに簡単で単純でお手軽なものだとわかるはずです。

美肌のために一番大切なこと

「キレイになるにはどんなスキンケアをしたらいいですか?」「どの化粧品が一番良いですか?」とよく聞かれますが、美肌のために一番大切なことを1つ挙げるとしたら、それはスキンケアの方法でも化粧品でもなく、**『正しく疑える能力』**なのではないかと思っています。

昨今の化粧品や美容の情報は本当に歪んでいるものが多く、ありもしない効果を大々的に標榜しているものや科学的な根拠に乏しいものがたくさんあります。

多くの女性はそのような情報を信じて美容に励むのですが、それが逆に仇《あだ》となってしまうことのほうが圧倒的に多いのです。美容や化粧品の業界事情は決して明るいものばかりではなく、知識を持たない消費者から不当に利益を得ようとする卑劣な業者がはびこっている現状もあります。このような誤った情報に流されやすい人ほど、間違ったスキンケアや美容法に触れやすくなるので結果的に肌を傷めやすいと言えます。

化粧品は魔法の秘薬などではなく、あくまで「化学物質の混ぜもの」です。だからその効果には必ず科学的メカニズムがあります。そういったメカニズムを無視して、なんの根拠もなく、ただ肌がキレイになるなんてことは絶対にありえません。また科学でできることに限界があるように化粧品の力でできることはそんなに大きくはないので、**常識的に考えて「そんなこと絶対ありえない」と少しでも思ったならば、その情報を鵜呑みにしてはいけません。**必ず正しく疑う目を持って美容情報と向き合いましょう。逆に「こういう理由でキレイになれるのか」と自分の中で100％納得できる美容法があったならば、それが本当の美肌に結びつく可能性は極めて高いでしょう。

「美容の世界は嘘だらけ」ですが、もちろん「正解」もあります。皆様にとって本書がその正解を導くための一助となりますように。

CONTENTS

必要最小限のスキンケア
かずのすけ式「しない美容」……2

はじめに……18

第1章 オトナ女子のためのメイクアップ

ウォータープルーフマスカラで目元にシワやクマが!?……28

ウォータープルーフマスカラ&アイメイクリムーバーの成分と盲点……30

ウォータープルーフマスカラvsフィルムマスカラ徹底比較!……32

マスカラの「下地」は逆効果なこともある……34

マスカラ&下地の効果と注意点……36

「まつ毛美容液」にはまつ毛育毛効果はない……38

まつ毛美容液の真相と「安心なまつ毛ケア」……40

紫外線カット効果は「リキッド」より「パウダー」が高い……42

「SPF」と「PA」の真実を知る……44

紫外線対策のベースメイクは基本的にこれでOK!……46

外出先での日焼け止め&メイク直しには?……48

ツヤ肌は、オイルではなく「粉」で作りなさい……50

ファンデの「ツヤ肌系」「マット肌系」を見極める方法……52

デキる美肌女子はメイクを〝キレイに〟崩す❤……54

ファンデーションの成分&崩れの関係……56

「キレイに崩れるメイク」の秘訣……58

「粘膜アイライン」や「香り付きグロス」でアレルギーに!?……60

「アレルギー」の原因と予防法とは……62

発色良過ぎなコスメは危険な「染料」にご用心……64

タール色素の「顔料or染料」を見抜くには……66
リスクのある「染料」を見極める方法……68
メイクブラシ&パフを「食器用洗剤」で洗うべからず……70
メイクアイテムこそ「合成成分100%」で上等……72
メイク製品にOKな「油剤」と「添加物」まとめ……74
「油脂」と「精油」の見分け方……76
「速さ」が自慢のまつエクサロンはやめなさい……78
まつエクのグルーは、4種類の中から低刺激タイプを選べ……80
まつエク女子のアイメイク&クレンジングは大丈夫?……82
二重メイクでまぶたが腫れ上がることも!?……84
二重コスメの正しい選び方とは?……86
KAZUNOSUKE COLUMN 1
唇が瞬時にふっくらするグロス??……88

第2章 オトナ女子のためのスキンケア

肌の「水分量診断」で一喜一憂するべからず!……90
健やか肌の秘訣は「角層」と「皮膚常在菌」……92
洗顔はゆっくり丁寧に……している場合ではない!……94
クレンジング&洗顔料は「界面活性剤」の種類が違う!……96
「石鹸で落とせるコスメ」は普通のコスメと大差なし……98
洗顔料&クレンジングの肌負担種類別ランキング……100
「石鹸で落とせるコスメ」は優しい洗顔料でも落ちる?……102

「拭き取り化粧水」は角質とシミを増やすだけ……104
「シミ消しコスメ」がシミを濃くする恐怖……106
シミの3分類&それぞれの対処法……108
レーザー治療後のケアとステロイド……110
日焼けしちゃったらアフターケアで巻き返せる！……112
メラニンが溜まる前にするべき
正しい「アフターケア」は？……114
ネットで外資系コスメを買うと肌に合わない場合も!?……116
化粧品を
「同じシリーズ」で揃えると害になることも!?……118
リップクリームは適当に選ぶと「副作用」がある……120
必読！「医薬部外品」と「化粧品」の違いとは……122
医薬部外品 or 化粧品どっちを選ぶべき？……124
唇の構造とダメージ要因とは？……126
「リップクリームの選び方」は
顔用化粧品とはだいぶ違う！……128
「肌に合わない」を見極める方法とは？……130
化粧品の「合う・合わない」を見極める方法……132
スキンケア系の要注意成分まとめ……134
化粧品チェンジでの肌荒れ予防&対処法まとめ……136

KAZUNOSUKE COLUMN 2

旧表示指定成分は避けるべき？……138
かずのすけ的おすすめ美容成分リスト……139
おさえておきたい化粧品成分100選……140

第3章

オトナ女子のための ボディ&ヘアケア

足裏やデリケートゾーンは必死に洗うほど臭くなる……144

こういう商品には要注意！
デリケートゾーン用アイテムの選び方……146
制汗剤のヘビロテでますます汗クサ女子に!?……148
制汗剤の要注意成分＆常用するリスク……150
「ボディシート」はムダ遣いでしかない……152
「デオドラント製品」は結局どう使えばいいの？……154
「マイナスイオン」商法の本当のところは？……156
「ジェルネイル」に危険性はあるのか？……158
「ハード」「ソフト」それぞれの長所と短所……160
マニキュア＆除光液はどれを選ぶ？……162
ネイルのおしゃれをする以上乾燥ケアは必要……164
強く美しい爪を育てる「ネイルケア」の方法……166
サラサラヘアが理想なら「ヘアオイル」は捨てなさい……168
市販シャンプーでダメージケアは無理
でも高級ブランドにも注意……170
シャンプーが頭髪に与える影響とは？……172
シャンプーの基本的な選び方＆洗い方……174

「本物の価値」がある
シャンプー＆トリートメントとは……176
パーマ＆縮毛矯正は髪の結合を破壊している……178
カラー・パーマ・縮毛矯正後も美髪をキープする
極意……180
背中ニキビの犯人は「トリートメント」かも……182
「トリートメント」が頭髪に及ぼす影響……184
プラスαで取り入れたい美髪成分……186
「髪を巻く前にケア剤を♪」が髪へのいじめに!?……188
低負担なのにスタイル長持ち！
「ヘアアイロン」の正しい使い方……190
ヘアワックスは髪に残留している可能性あり……192
種類別！「ヘアスタイリング剤」の特徴……194
KAZUNOSUKE COLUMN 3
トリートメントやリンスなどの差は？……196

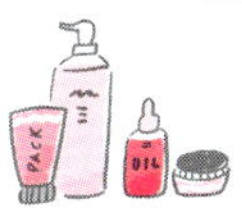

第4章 オトナ女子のための暮らしケア

繊維へのこだわりが美人度を上げる……198
静電気（刺激）が起きる素材をチェック！……200
身のまわりの素材はココに注意して選ぶ……202
「バスタオル」は1回使っただけで菌だらけ？……204
衣類は全て「おしゃれ着用洗剤」で洗えばよし……206
「洗濯洗剤」の注意するべき成分……208
洗濯洗剤の「界面活性剤」は3タイプ……210
敏感肌のための「洗濯方法」徹底解説！……212
柔軟剤をやめると「アトピー肌」が治る人もいる……214
柔軟剤はなぜそんなに悪いのか？……216
柔軟剤が必要なときはこの「界面活性剤」を選ぶべし……218
「消臭スプレー」でにおいは消えるが不安は残る……220
消臭スプレーの正しい選び方&使い方……222
自己流のオーラルケアで口臭や虫歯が進行!?……224
オーラルケア製品の成分はこれに注意！……226
「食器用洗剤」のダメージはどの商品を選んでも一緒……228
「キレイな手」を叶える3カ条……230
掃除用の洗剤はそんなに悪くない……232
KAZUNOSUKE COLUMN 4
「アルカリ電解水」の洗剤って何者？……234
おわりに……235
索引……236

第1章

オトナ女子のためのメイクアップ

毎日何気なく使っているコスメ。
詳しい成分や効果などコスメの正体を知っていますか？
逆効果だったり、肌の負担になったり、効果がなかったり……。
コスメのホントを学びましょう。

ウォータープルーフマスカラで目元にシワやクマが!?

特徴

- 長さ用、ボリューム用とこだわりの2本使い
- 10年間同じメーカーをリピート
- まつエクはメンテがめんどくさくてやめた

DATA

目ヂカラは重要

潤い度：★★★

刺激度：★★★

まつ毛への
負担：★★★

ここが
NG
ケア

ウォータープルーフ専用の「リムーバー」が目元の皮脂を奪い、乾燥ジワやクマの原因に

Check 1

アイメイクリムーバーの油は最強クラスの脱脂力！

マスカラで目の下が黒くにじむ、いわゆる〝パンダ目〟は、**マスカラの成分が皮脂や汗で溶けることが原因です。**しかしパンダ目を防ぐために「ウォータープルーフ」のマスカラを使うと、普通のクレンジングでは落ちず、目元用のリムーバーが必要になります。

リムーバーの多くは、油の中でも特に脱脂力が強い「イソドデカン」「イソヘキサデカン」などの溶剤を配合しています。**目元は皮膚が薄く、乾燥やシワの原因になりかねません。**

Check 2

「フィルム」ならお湯で落ちて、パンダ目になりにくい

目元は皮膚が薄く、クレンジングで「こする」という行為自体も本当は良くありません。**皮膚をこすると刺激が生じて肌の防衛機能によって「メラニン」を作り、クマやシミができることもあります**（※メラニンは元来、肌を守るために生成される物質）。

そこで最適なのが、お湯で落とせる「フィルムマスカラ」です。これは約40℃の「温度」で落ちる仕組みなので、お湯で落ちるのに汗や皮脂に強く、パンダ目になりにくいのです。

かずのすけ格言　〝盛れるか〟だけでなく〝落とせるか〟も考えよ。

ウォータープルーフマスカラ＆アイメイクリムーバーの成分と盲点

ザックリまとめると……

- ウォータープルーフ＝汗や水に溶けにくい「シリコーン」や「炭化水素油」でマスカラを被膜している。
- 耐水性マスカラを溶かせるのは「イソドデカン」や「イソヘキサデカン」などの炭化水素油系の溶剤。
- 上記成分を含むアイメイクリムーバーは脱脂性が強く目元の皮脂が奪われて乾燥の原因に。

CHECK 1

ウォータープルーフ効果の正体は？

マスカラのウォータープルーフ効果を担っているのは〝汗や水に溶けにくい油性成分〟です。代表的なのはシクロメチコン・トリメチルシロキシケイ酸などの『シリコーン類』です。マイクロクリスタリンワックスや水添ポリイソブテンなどのワックス状の『炭化水素

ウォータープルーフマスカラ＆リムーバーの主な成分構成

「ウォータープルーフマスカラ」には汗や水に溶けにくい油性のコーティング剤、「リムーバー」にはそれを溶かすための油性の溶剤が配合されます。

［ウォータープルーフマスカラの成分例（油性コーティング剤）］

- シクロメチコン、トリメチルシロキシケイ酸など（シリコーン類）
- 水添ポリイソブテン、マイクロクリスタリンワックスなど（炭化水素油）

ウォータープルーフ効果の正体

水や汗に溶けにくい**撥水性のシリコーンや炭化水素油**で、まつ毛をコーティングするのがウォータープルーフの正体。落とすには強力な油性の溶剤が必要に。

［マスカラリムーバーの成分例（油性の溶剤）］

- イソドデカン、イソヘキサデカン、水添ポリイソブテンなど（炭化水素油）

※同じ成分が揮発性の保存溶剤としてマスカラの主成分にも配合されています。

アイメイクリムーバーの正体

撥水性オイルコーティングを溶解できる「**水添ポリイソブテン**」や「**イソドデカン**」などの油性溶剤を配合しています。

要注意

リムーバーの宣伝文句で**「保湿成分配合」などと書かれていても乾燥します！**

油』もよく用いられています（主成分には保存溶剤としてイソドデカンなどを配合）。

CHECK 2

目元用リムーバーの仕組みと注意点

ウォータープルーフマスカラは、「目元用リムーバー」でなければ中々落ちません。

これはリムーバーの多くには耐水性の油分を溶かすのに非常に長けた炭化水素油系溶剤を配合しているからです。

しかし、これらの溶剤は他の油を除去する力（脱脂能力）が非常に高いため洗顔時に肌の油（＝皮脂）まで奪うような形で乾燥を招きます。

ウォータープルーフマスカラVSフィルムマスカラ徹底比較！

ザックリまとめると……

- ウォータープルーフ……〇汗にはにじみにくい。◎カール力あり。×リムーバーじゃないと落ちない。
- フィルムタイプ……◎汗や皮脂でにじみにくい。△カール力低い。◎約40℃のお湯で落とせる。
- フィルムタイプは暑いとにじむ場合も。ウォータープルーフは皮脂が多いとにじむ傾向あり。

CHECK 1

パンダ目防止にはフィルムマスカラを

肌に優しくパンダ目を防ぐなら、「フィルムマスカラ」がおすすめです。

フィルムマスカラとは、水溶性ポリマー（プラスチック樹脂）でまつ毛にフィルム（膜）を張るマスカラです。水溶性ポリマーは水や油に強いので、汗や皮脂で落ちにくく、パンダ目を防げます。

「フィルムタイプ」と「ウォータープルーフ」の特徴

フィルムマスカラとウォータープルーフマスカラの特徴を比べてみましょう。

特徴	フィルムタイプ	ウォータープルーフ
にじみにくさ	◎ 水や油に強く、皮脂や汗で落ちにくいので、パンダ目になりづらい。 △ 猛暑日ではにじむこともある。	○ 水に強く汗にはにじみにくいが、皮脂量が多い人はにじみやすい傾向。
クレンジングの手軽さ	◎ 40℃前後の「温度」に応じて落ちる仕組みなので、クレンジングなしで、お湯だけで落とせる（水では落ちない）。	× 油性コーティングで撥水性を高めており、油性溶剤を配合したリムーバーが必要。
長さ	○ 繊維入りだとロングまつ毛になりやすい。	○ 繊維入りだとロングまつ毛になりやすい。
ボリューム	△ 粘度が低くボリュームは出にくい（自然なまつ毛になりやすい）。	◎ 粘度の高い油性成分やロウ類を添加することでボリュームが出せる。
カール	△ まつ毛は水分を吸収するともとに戻るので、水性ポリマーのカール維持力は低い。	◎ 油分がベースで水分を寄せ付けないため、カール維持力が高い。
まつエクへの使用	◎ クレンジング剤が不要なので、まつエクにもＯＫ。	× 強力なリムーバーを使う必要があるのでNG。

アイライナーの「フィルムタイプ」と「ウォータープルーフ」

アイライナーは「リキッド」のほうが落ちにくい、という印象も。

しかし「ペンシル」は撥水性のシリコーンが入っているケースが多く、「ウォータープルーフ」以外のリキッドアイライナーと比べた場合は、むしろペンシルのほうが落ちにくい商品が豊富です。


これが正解！

普段はフィルムタイプが◎。夏の屋外レジャーや、カールをばっちり維持したい日のみウォータープルーフを使うのも手！

※フィルムタイプのアイライナーも落ちにくいが、暑いと落ちやすくなってしまう。

CHECK 2
フィルムマスカラの仕組みと弱点とは？

フィルムマスカラは「温度」で落ちる仕組み。そのため猛暑日はパンダ目になるおそれが。

寝癖が水で戻るように、毛質には水分を含むともとの形に戻る性質があります。フィルムマスカラは〝水〟溶性のポリマーでできているので、カールキープ力は△です。

かずのすけ語録
パンダ目も汚肌もイヤならマスカラはフィルム系一択

マスカラの「下地」は逆効果なこともある

特徴

- 左官職人のように丁寧な塗りっぷり
- ホットビューラーとの合わせ技
- アイメイクに集中すると鼻の下が伸びる

DATA

ビューラーが汚い

潤い度：★★☆
刺激度：★☆☆
落ちやすさ：★★★

ここが
NG
ケア

フィルムマスカラ＋油分入り下地→取れる！ウォータープルーフ下地はリムーバーも必須

Check 1

ウォータープルーフタイプは下地であろうと落ちない！

マスカラの仕上がりや、カールキープ力をアップしてくれるという「マスカラ下地」。しかし、必ずしも良いとは限りません。

実はマスカラ下地は、**成分的にはマスカラと大差ないものが多いのです。**ウォータープルーフの下地は、ウォータープルーフマスカラと同じ「シクロメチコン」「トリメチルシロキシケイ酸」などのシリコーンを配合しています。下地といえども目元用リムーバーが必要なので、乾燥などの原因になります。

Check 2

フィルムマスカラに油分入りの下地は逆効果！

「フィルムマスカラはカール力が弱いから、下地を使う」。これは逆効果かもしれません。

フィルムマスカラは「水溶性ポリマー」が主成分、つまり水分ベースです。油分が入った下地を併用すると、水と油がはじき合い、マスカラが落ちやすくなります。ウォータープルーフの下地は、油が入っているので、フィルムマスカラは単品で使用するのがベストです。**どうしても下地が必要なら、下地もフィルムタイプで統一しましょう。**

かずのすけ格言　なんでも足せばいいってもんじゃない。

マスカラ&下地の効果と注意点

ザックリまとめると……

- ウォータープルーフのマスカラ下地は、カールキープ力はあり。ただし落ちにくい。
- フィルムタイプ(水性)と、ウォータープルーフタイプ(油性)を重ねるとマスカラが取れやすい。
- フィルムマスカラには、同タイプの下地を使う。

CHECK 1

ウォータープルーフの下地はカール力◎

巻き髪が水で濡れるともとのストレートに戻るように、髪やまつ毛は「水分」を含むと、もとの形に戻る性質があります。

人気のマスカラ下地は、「ウォータープルーフタイプ」が多いようです。これは汗・涙・湿気に強く、カールキープ力は高いでしょう。

マスカラ＆下地の組み合わせ

マスカラと下地は、相性を考えて使いましょう。

ウォータープルーフの下地＋フィルムマスカラ　△

下地の油分と、フィルムマスカラの水分がはじき合い、マスカラが取れやすくなります。

フィルムタイプの下地＋ウォータープルーフマスカラ　×

「ウォータープルーフマスカラでも、フィルム系の下地を併用すると簡単に落とせる！」という女子も。マスカラが取れやすくなりますし、ウォータープルーフマスカラ特有の「カール力」は弱まります。

フィルムタイプ＆ウォータープルーフは、まさに〝水と油の関係〟。

フィルムタイプの下地＋フィルムマスカラ　◎

おすすめは、フィルムマスカラの単品使い！　または「フィルム下地＋フィルムマスカラ」の組み合わせです。

CHECK 2

ウォータープルーフ＆フィルムは相性×

「ウォータープルーフ」の下地は、ウォータープルーフマスカラと同じくシリコーンなどの油性コーティング剤を配合しています。

対してフィルムタイプは水溶性ポリマーが主成分です。つまりウォータープルーフとフィルムタイプは〝水と油〟の関係。両者を重ねるとはじき合って、マスカラが取れやすくなる可能性も。下地は使わない、使うならマスカラと同タイプで統一を。最近ではフィルムタイプの下地もあるので探してみましょう！

「まつ毛美容液」にはまつ毛育毛効果はない

伸びると信じて まつ毛美容液べったり女子

特徴

- 「ねぇまつ毛伸びた？」とすぐに聞く
- 使ったら使った分だけ伸びると信じてる
- 自まつ毛で勝負したい（まつエクしない主義宣言がうるさい）

DATA

まつ毛よ、伸びろ〜！

潤い度：★★☆
刺激度：★★★
念じながら塗る：★★★

ここが
NG
ケア

普通のまつ毛美容液に、育毛効果はない！効果がある商品は、逆に危ないので禁止

Check 1

まつ毛美容液は「有効成分」を配合していない単なる「化粧品」

まつ毛美容液は「化粧品」に当たる製品で、育毛効果や増毛効果は「医薬品」にしか認められていません。実は「育毛シャンプー」などと言われているシャンプーもせいぜいフケ症を緩和するのが関の山で、化粧品より**効果の強めの「医薬部外品」であったとしても増毛や育毛効果を求めることは不可能**です。増毛や育毛の有効成分はとても副作用の強いものが多く、目粘膜の周囲に使用するまつ毛美容液に配合することは許されていません。

Check 2

中身は化粧品とほぼ一緒か、危ない育毛成分入りの商品も！

まつ毛美容液の成分は、実は化粧水や美容液とほぼ一緒。なのに、ほんの少量で下手な化粧水よりも高いというボッタクリ価格のものも。「でも本当に伸びたよ！」という女子もいるでしょう。その理由は次の通りです。①アイメイクなどの影響で、まつ毛は日々切れたり抜けたりしやすいが、**まつ毛を保護することで単純に切れにくくなる**（伸びてはいない）。②**副作用のある危険成分を入れている**（成分を詐称している場合もあり！）。

かずのすけ格言　まつ毛美容液は、化粧品業界の闇の縮図。

まつ毛美容液の真相と「安心なまつ毛ケア」

ザックリまとめると……

- まつ毛美容液の成分は安価な化粧水や乳液と大差ない場合も……。
- 点眼薬をまつ毛美容液として使うのは絶対NG! 同様の副作用のある成分を配合した海外製品も!
- 切れたまつ毛は2~3ヵ月でもとに戻る。まつ毛美容液より、マスカラやクレンジングを変える工夫を。

CHECK 1

まつ毛美容液はデメリットしかない

医薬品の育毛剤には、育毛の「有効成分」が配合されることがありますが、効果の裏には「副作用」が付きもの。デリケートな目の粘膜周辺に塗る「まつ毛美容液」にはもちろん配合禁止です。安価な化粧水や乳液のような成分のまつ毛美容液もあるので効果はないのに

まつ毛美容液のNG成分＆まつ毛のセルフケア

本来「まつ毛美容液」にはまつ毛を伸ばす効果は認められていませんが、下記の成分が入っている場合はまつ毛が伸びる可能性も。しかし危険な副作用付きなので安易に使用するのはやめましょう！

危険な成分

●「プロスタグランジン」類似物質

緑内障の有効成分にも用いられる。眼圧降下薬でまぶたの色素沈着や下垂、充血、視力障害などの副作用がある。

〔例〕

「ビマトプロスト」「ラタノプロスト」
「デクロロジヒドロキシジフオロエチルクロプロスタノールアミド」
「イソプロピルクロプロステネート」

まつ毛美容液に「プロスト」「プロスタ」「プロステ」と付く成分が入っていたら、該当している可能性大！

〔自分でできるまつ毛保護〕

- クレンジング不要の「**フィルムマスカラ**」を使う。
- マスカラの前に「**ワセリン**」などの**オイルをまつ毛に塗る**。（※ただし、フィルムマスカラにオイルを重ねると落ちやすくなる）
- **できるだけビューラーやホットカーラーは使用しない**か、使用してもまつ毛に極力負荷がかからないように注意する。

ボッタクリ価格に設定されている場合も。

CHECK 2

副作用のある育毛成分に注意！

ある緑内障の点眼薬が「まつ毛が伸びる！」と一部で話題になりましたが、本来は病院で処方される薬です。ネットで並行輸入品を買う人もいるので心配です。

まつ毛が伸びるのは、緑内障の有効成分「ビマトプロスト※」の副作用です。でも、まぶたの色素沈着や下垂、視力障害などの副作用も……。

※ただし「グラッシュビスタ」という医薬品は点眼薬と同じビマトプロストを配合したまつ毛貧毛治療薬。医師の指示の下であれば使用も可。

紫外線カット効果は「リキッド」より「パウダー」が高い

特徴

- 日傘は必須アイテム
- 中国のオバサンがデスマスクで海に行く気持ちがわかる

DATA

紫外線＝老化

潤い度：★☆☆
刺激度：★★★
白浮きしても平気：★★★

ここが**NG**ケア

「日焼け止めの塗り直し」に苦労しなくてもSPF表記のあるファンデを重ねればよし！

Check 1

UVカット効果が高いのは液体より「パウダー」

「日焼け止めはこまめに塗り直そう」と、よく耳にします。たしかに、太陽の下に2時間以上いる場合は塗り直したほうが良いですが、メイクをしているとつい面倒になりがち。

同じSPFやPAなら、液体系の日焼け止めよりも、**実はファンデーションなどの「パウダー」のほうが実際の効果は上です。**わざわざメイクオフして日焼け止めを塗り直さなくても、**通常はSPF表示のあるパウダーファンデなどを重ねればOKなのです。**

Check 2

よく伸びる日焼け止めほど実際の効果は劣りがちに

日焼け止めは薄く塗ると効果が落ち、**濃く塗るほど効果が高まります。**ジェルとパウダーでは、同じ量を塗ってもジェルのほうがよく伸びますが、液体が「伸びる」という現象は、**悪く言えばその分「薄くなる」ということ。**なので〝よく伸びる日焼け止め〟は、実際の紫外線防御力は数値よりも低くなりがちです。

それに比べてパウダーは、あまり伸びません。しかも粉は液体よりも崩れにくく、光を拡散する作用もあるので、より効果的です。

かずのすけ格言　伸びが良い日焼け止め＝薄い日焼け止め。

「SPF」と「PA」の真実を知る

ザックリまとめると……

- SPF＝UVB（浴びると肌が赤くなる紫外線）で炎症が起こるのを、通常の「何倍」遅くするかの指標。
- PA＝UVA（蓄積するとシワ・たるみの原因となる紫外線）を防ぐ効果をざっくり表した指標。
- 実際の効果は、表示されているSPFやPAの1／5程度。特に伸びが良いほど、効果は低くなる。

CHECK 1

日焼け止めのリアルな実力は？

日焼け止めの「SPF」と「PA」は、1㎠あたり2㎎塗った場合の実験結果です。実際にこの量を塗ると、肌が恐ろしくベッタベタになるので、普通はもっと薄く塗ります。

つまり実際の効果はもっと低く、SPFの数値は表示の1／5程度と考えるのが現実的。よく伸びる日焼け止めなら、さらに効果が低くなります。

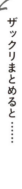

「SPF」と「PA」の基本知識

私たちが防ぐべき紫外線には、「UVB」と「UVA」の2種類があります。それぞれ特徴や影響が異なり、UVBを防ぐ指標を「SPF」、UVAを防ぐ指標を「PA」と呼んでいます。

● UVB

波長が短く皮膚の深部（真皮）までは届かないがエネルギーが強く肌の炎症（サンバーン）を引き起こす。メラニンを作りやすいと色素が沈着して褐色化する（サンタン）。

● UVA

波長が長く皮膚の深部に届いてしまう紫外線。エネルギーが弱いため直ちに影響しないが長い年月蓄積するとシミやシワなどの老化現象を引き起こす（光老化）。

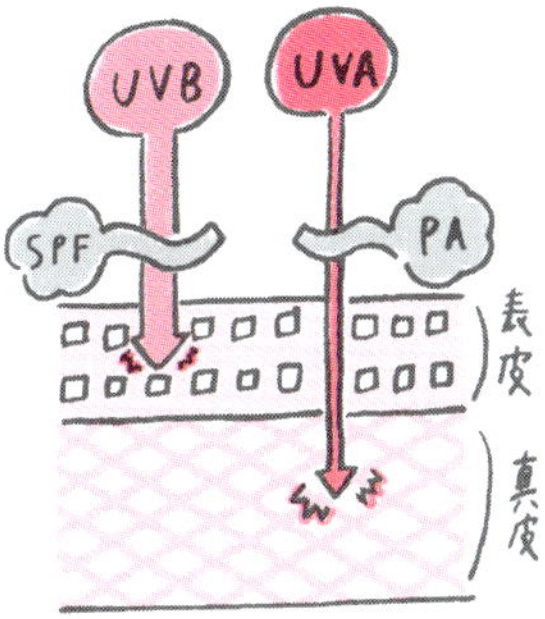

● UVBを防ぐSPFとは？

「UVB波」を浴び、その量が閾値（その人が受け止められる限界量）を超えると、皮膚が赤くなる炎症（サンバーン）が起きる。このタイミングを、普段より「何倍」遅らせることができるかを示した指標が「SPF」。日本における最大値は「SPF50+」。

● UVAを防ぐ「PA」とは？

「UVA波」は、すぐには害をもたらさない。しかし浴びる量が蓄積すると、10年、20年と時間をかけて肌を傷つけていき、シワ・たるみなどを形成する。このUVA波を防ぐ指標が「PA」で、ざっくりと「＋」マークの数でレベルを表示している。最大は「PA＋＋＋＋」。

CHECK 2

SPFを過信するべからず

日焼け止めを塗ると、肌が受け止める紫外線量が少なくなります。例えばSPF50なら、紫外線の量を1／50（実際は1／5程度の効果なので、1／10程度）に減らせるイメージです。そのため数値が大きいほど日焼けしにくくなるわけですが……。勘違いしてはいけないのは、決して「塗っている間は紫外線の影響を0にできる」というわけではありません。たとえSPF50＋／PA＋＋＋＋でもいくらかの紫外線は浴びてしまうので、浴び続ければいずれは日焼けしてしまうのです。

紫外線対策のベースメイクは基本的にこれでOK！

ザックリまとめると……

- クリーム系の日焼け止めor下地＋パウダー（共にSPF30・PA＋＋＋程度、紫外線散乱剤のもの）。
- 夏のレジャーでは、紫外線吸収剤入りだろうとSPF50以上を。
- 敏感肌の人が吸収剤を使う場合は、いつもと同じ散乱剤の日焼け止め（or下地）の後に塗る。

CHECK 1

紫外線「吸収剤」＆「散乱剤」の違い

日焼け止めに配合される紫外線防止成分には、次の2つがあります。

①紫外線吸収剤：UVカット効果は高い。吸収した紫外線エネルギーを放出するため、乾燥やまれに刺激も。

②紫外線散乱剤：UVカット効果は穏やか。粉なので白浮きしやすいが肌負担はほぼゼロ。

ベースメイク（紫外線対策）の選び方

紫外線「吸収剤」と「散乱剤」の違いは次のようになっています。

●紫外線吸収剤

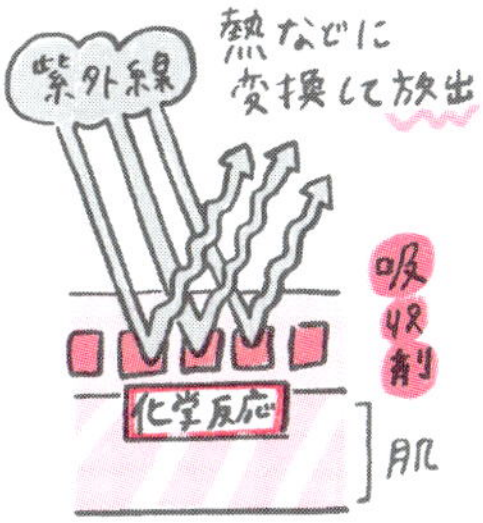

効果も肌負担も大きめだが、使用感はよい。

［日本でよく用いられる紫外線吸収剤］

名称	得意な紫外線	最大配合濃度（%）		刺激の目安
		スキンケア系	メーク・口紅等	
メトキシケイヒ酸エチルヘキシル	UVB	20	8	低
ジエチルアミノヒドロキシベンゾイル安息香酸ヘキシル	UVA	10	配合禁止	中
ドロメトリゾールトリシロキサン	UVA	15	配合禁止	中
オキシベンゾン-3（オキシベンゾン）	UVB＋UVA	5	5	高
オキシベンゾン-4（スルイソベンゾン）	UVB＋UVA	10	0.1	高
オキシベンゾン-5	UVB＋UVA	10	1	中
t-ブチルメトキシジベンゾイルメタン（アボベンゾン）	UVA（long）	10※1	記載なし	高※1
テレフタリリデンジカンフルスルホン酸	UVA（long）	10	配合禁止	中

※1 アメリカ食品医薬品局の承認濃度は上限3%である

●紫外線散乱剤

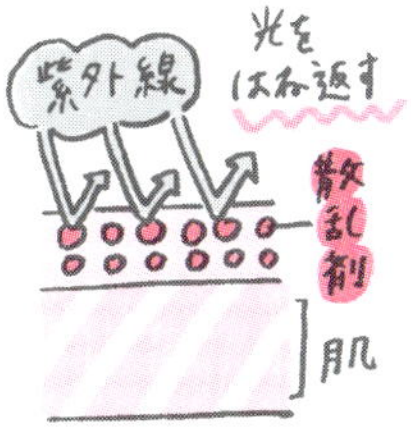

効果も肌負担も穏やかだが、白浮きしやすい。

［日本でよく用いられる紫外線散乱剤］

名称	得意な紫外線	配合可能量（%）	刺激
酸化チタン	UVB～UVA	規制なし	非常に低い
酸化亜鉛	UVB～UVA（long）	規制なし	非常に低い

※酸化亜鉛は金属アレルギーを持っている人には合わない場合も。金属アレルギー体質の人は酸化チタンを選ぶと良い（ただし酸化亜鉛のほうが白浮きしにくい）。

CHECK 2

下地＆日焼け止めの違いと塗る意義は？

成分的には、日焼け止めとSPF・PA付きの化粧下地は、とても似ています。

日焼け止め＝紫外線防止、下地＝メイクの見栄えや持ちの向上などが主な目的ですが、最近は、日焼け止めと下地の両方の効果を兼ね備えた商品も多くあります。

「日焼け止めを下地代わりにしているけど不満はない」という女子は、そのまま使ってOK！

外出先での日焼け止め＆メイク直しには？

ザックリまとめると……

- 日中、外に2時間以上いる場合は、約2時間おきに日焼け止めを塗る（SPFによって差はあり）。
- 崩れた部分をメイク用スポンジで優しく抑え、SPF付きのパウダー（ファンデ等）を重ねるだけでOK。
- 完全にメイクオフして直したい場合は、コットンに乳液かスクワランを取り、優しくメイクをふき取る。

CHECK 1

油取り紙よりもコットンがおすすめ

日焼け止めやメイクを直す際は、崩れた部分をメイク用スポンジで抑え、パウダーファンデ等を重ねます。

油取り紙は皮脂を取り過ぎるので、1日1回ほどならOKですが、何度も使うと肌が「皮脂が少ないから分泌しよう」と判断してテカリがち

メイク＆日焼け止めの直し方

外出先でメイクや日焼け止めを直す場合は、以下の方法がおすすめです。

1 崩れやテカリが気になる部分を、メイク用スポンジでそっと抑える。

※下地を残すように、メイク表面の崩れだけを優しく抑える。

※より低刺激なのはコットンだが、難しければ「ティッシュ」でもOK。

---

2 SPF付きの「パウダーファンデ」などを重ねて終了！

メイクオフしたい場合は…

コットンに「乳液」か「スクワランオイル」を取り、優しくなでてメイクを落とす。

＊薄めのメイクなら乳液でOK。崩れにくい下地などを塗っている場合は、スクワランオイルがあると便利。

になります。メイク用スポンジは適度に皮脂を吸収してくれるのでおすすめです。

CHECK 2

メイク落としシートのヘビロテはNG！

市販の「メイク落としシート」は、脱脂力の強いオイル成分や界面活性剤がたっぷり入っています。摩擦刺激も考えれば毎日のように使うのは避けたいところです。

かずのすけ語録

ベースメイクこそ紫外線から肌を守る最高のベール

ツヤ肌は、オイルではなく「粉」で作りなさい

特徴

- ファンデはツヤ肌になるかどうかで選ぶ
- ツヤとテカリの差は、いまいちわからない
- CMで見た「頬の光り玉」に憧れている

DATA

ツヤ肌で若返り！

潤い度：★☆☆
刺激度：★★★
テカリ度：★★★

ここが**NG**ケア

リキッドやオイル頼みの〝ツヤ肌メイク〟は〝テカリ肌〟と紙一重。粉でもツヤ肌は作れる

Check 1

光の散乱の仕方は「粉体」の種類で変わる

最近は〝ツヤ肌メイク〟が流行のようですね。ツヤ肌を作りたい女子は、油分がけっこう多い「リキッドファンデーション」などを利用することが多いのでは？

しかし光の拡散の仕方は「粉体」によって変わるので、**重要なのは粉体選び**。なのでパウダーファンデでも、ツヤ肌は作れます。ちなみにベースメイク製品は、主に粉体で着色しているので、リキッドやクリームのファンデにも粉体が入っています。

Check 2

オイルの種類によっては崩れ、肌トラブル、老化の原因に

肌にオイルを塗ったり、あるいはリキッドにオイルを入れたりして、ツヤ肌を作る女子もいますが、ツヤ感を追加するのによく用いられるベビーオイルは脱脂力の高いクレンジングオイルに使われる**「ミネラルオイル」が主成分**。

メイクを溶かすので、メイクよれやテカリ肌の原因になりますし、馬油やアルガンオイルなど、動植物の「油脂」は酸化するので、**シミなどの原因になる懸念も**。

かずのすけ格言　オイルでツヤ肌？　まわりはテカリと思っているかも。

ファンデの「ツヤ肌系」「マット肌系」を見極める方法

ザックリまとめると……

- ファンデーションは「粉体」で色を付けており、粉体の種類によって光の散乱の仕方が異なる。
- 粉体＝ツヤ肌系の「板状粉体」、マット肌系の「球状粉体」の2種類に大別される。
- 板状粉体の多いパウダーファンデはツヤ肌系と判断できる。

CHECK 1

ファンデの色や光は粉体で作っている

ファンデーションの色や光を演出しているのは、色味のある「粉体」です。例えば、酸化チタンや酸化亜鉛などの白色顔料に、オレンジ色の酸化鉄を加えていく……という具合です。

タール色素を使うこともありますが、日本製のファンデの多くは、粉体

板状粉体＆球状粉体の違いとは？

ファンデーションの粉体には、ツヤ肌系の「板状粉体」と、マット肌系の「球状粉体」があります。それぞれの代表的な成分名を覚えておくと、好みのファンデを選ぶのに役立ちます。

［板状粉体＆球状粉体の違い］

粉体の種類	主な成分の例	形状	特徴
ツヤ 板状粉体	マイカ	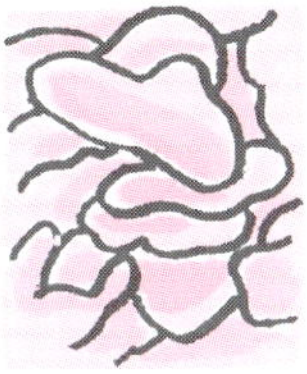	板状構造の粉体で光を直線的に強く反射するためツヤツヤとした輝きが生じる。若い肌の演出やツヤ肌メイクのファンデーションに広く利用されている。天然鉱石系の成分が多い。
	タルク		
	酸化チタン		
	酸化亜鉛		
	ホウケイ酸（Ca／Na）		
	硫酸バリウム		
	雲母		
	合成金雲母		
マット 球状粉体	シリカ	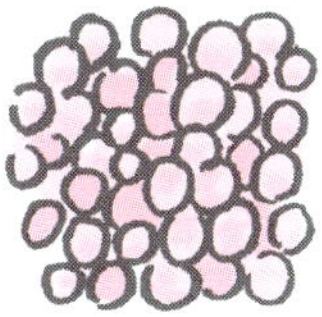	球状構造の粉体で光をさまざまな方向に拡散反射するため柔らかな印象の質感を演出できる。マット感を付与したり凹凸をぼかす作用がある。主に合成高分子の球体を利用。
	ナイロン		
	ポリエチレン		
	炭酸カルシウム		
	ポリウレタン		
	ポリメタクリル酸メチル		

メインで着色しています。

CHECK 2

「板状粉体」と「球状粉体」の違い

「粉体」は次の2種類に大別されます。
①板状粉体：板状なので、肌に当たった光を「反射板」のように一方向に跳ね返します。
②球状粉体：丸い粉体なので、光をさまざまな方向に「拡散」して跳ね返します。

かずのすけ語録

ツヤ肌希望なら、成分表示で粉体の種類を見ればOK

デキる美肌女子はメイクを〝キレイに〟崩す♥

崩れないファンデ愛用女子

特徴

- 「24時間崩れないファンデ」を買った
- ブルゾンちえみのマラソンコスメもすかさず検索！
- 肌負担や素肌美なんてどうでもいい

DATA

とにかく崩れない！

潤い度：☆☆☆
刺激度：★★★
厚化粧度：★★★

ここが
NG
ケア

崩れを防ぐファンデは、落とすのも大変！黒ずみ毛穴や乾燥肌の元凶にも

Check 1

崩れ防止系ファンデを落とすにはミネラルオイルなどが必要

テカリ女子の頼みの綱、「崩れ防止」系の化粧下地やファンデーション。これらはＰ29で紹介したウォータープルーフマスカラと同じ仕組みで、成分こそ異なるものの被膜の強い油剤（高重合のシリコーンやフッ素加工樹脂等）によって汗や皮脂をブロックしている場合もあります。

本書で推奨している「油脂」などのクレンジングでは落ちず、**脱脂力の強い「ミネラルオイル」などのクレンジングが必須です。**

Check 2

ミネラルオイル系クレンジングが乾燥肌やテカリ肌の原因に

ミネラルオイル系などで洗い続けると、**肌は確実に乾燥していきます。**逆に、肌が潤いを補おうとして皮脂を分泌し、皮膚表面だけオイリーなテカリ肌になったり、油分過剰でニキビができたりも。しっかりメイクをしながらも肌に優しいからと洗浄力の穏やかなクレンジングを続けると、**メイクの油分が毛穴に残留していき黒ずみ毛穴やニキビにもなります。**素肌美もほしいなら「わりと崩れない」か、「キレイに崩れる」程度で妥協を。

ファンデーションの成分&崩れの関係

ザックリまとめると……

- ファンデの成分＝粉・油（リキッドは水も）を基剤に、着色用の顔料、界面活性剤、防腐剤などを添加する。
- ファンデの形態（パウダー、リキッド等）は粉・油・水の比率で変わる。用いる成分はほぼ同じ。
- 崩れない化粧品＝「溶けない油」で作る。特にエマルジョン系は油分の割合が多く、崩れにくい。

CHECK 1

粉・油・水の割合でファンデの形が変化

ファンデーションには、パウダー、リキッド、クリームなどの種類がありますが、その差は基剤（粉・油・水）の割合で、用いる成分的にはどれも大差ありません。

こうした基剤に、必要な顔料、界面活性剤、防腐剤などを添加していくのが、ファンデの基本的な製造方法です。

ファンデーションの成分と崩れにくさの関係

ファンデーションの形は、基材（粉・油・水）の割合によって、次のように変化します。油分量が多いほど崩れにくいので注意！

油分量（多 ↑ ↓ 少）

エマルジョンファンデ
（粉：油＝5：5）
とても崩れにくい

スティックファンデ
（粉：油＝6：4）
崩れにくい

クリームファンデ（油系）
（粉：油：水＝2：4：4）
比較的崩れにくい
※界面活性剤が多いため

リキッドファンデ（二層型）
（粉：油：水＝2：4：4）
崩れにくい

クリームファンデ（水系）
（粉：油：水＝2：2：6）
比較的崩れやすい

リキッドファンデ（乳化型）
（粉：油：水＝1：2：7）
崩れやすい

パウダーファンデ プレスドパウダー
（粉：油＝9：1）
崩れやすい

ルースパウダー
（粉：油＝9.5：0.5）
とても崩れやすい

「新化粧品学 第2版」P408参考

CHECK 2

ファンデの種類と崩れやすさの関係

化粧崩れの原因は、油分や水分が、汗や皮脂と混ざって溶けるからです。

よって崩れない化粧品を作るには「溶けない油」を多く使います。パウダーとリキッドを比較すると、「溶けない油」がより多いほうが崩れにくくなります。

パウダーは約9割が粉なので、油は少ししか配合できません。一方、クリームやリキッド系は油の割合が多く、溶けない油を増やすのが簡単。同じ崩れ防止系ブランドの中で比べれば、リキッドやクリームはパウダー以上に崩れにくい傾向です。

「キレイに崩れるメイク」の秘訣

ザックリまとめると……

- オイル主体だと崩れにく過ぎるので「水」主体にオイル（シリコーン等）を混ぜたリキッド系がベター。
- クリームタイプは汗や皮脂で簡単に落ちてしまいやすいので崩れにくさは△（肌負担は低い◎）。
- 二層式のミルクタイプで粉体（紫外線散乱剤やパウダー）が多いものはわりと崩れにくい傾向あり。

CHECK 1

肌に優しいのに、わりと崩れない下地

「界面活性剤」は油と水を混ぜるので、多いと崩れの原因に。クリーム系は常に水と油が乳化状態なので、界面活性剤が比較的多く崩れやすいものが多いのです。一方、「二層式」のリキッド系下地は水と油を混ぜる界面活性剤が少ないので、わりと崩れにくくなっています。また「粉体」は皮脂を吸着するので紫外線散乱

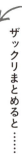

崩れにくい（＝落としにくい）油剤を覚えておこう

以下の成分が多いベースメイクは、崩れにくい分、落とすのも大変。多少ならOKですが多く配合された商品には注意しましょう。

シリコーンオイル

「シリコーン」は安全なオイルで、メイク用品の油剤としては定番。被膜力強めの「鎖状シリコーン」と、被膜力の比較的穏やかな「環状シリコーン」の2種類に大別されます。鎖状シリコーンが多いメイクは、落としにくい傾向があるので要注意。

※ただしシリコーンの被膜力は同じ名前でも分子量によって大きく変化するので一概には判断できない。被膜力の高い環状シリコーンもある。

［鎖状シリコーンの例］

- ジメチコン　・アモジメチコン
- ジフェニルジメチコン
- ジメチルシロキサン

★成分名の末尾に「〜コン」「シロキサン」が付いていたら、鎖状シリコーンの可能性大。

［環状シリコーンの例］

- シクロペンタシロキサン　・シクロメチコン

頭に「シクロ」が付いたシリコーンは環状シリコーンの可能性大。

フルオロ変性シリコーンレジン

フッ素加工したシリコーン樹脂。粉体表面の加工剤で油にも水にも溶けにくい撥水・撥油性の被膜を作る。数ある素材の中でも圧巻の落ちにくさを誇る。

［具体的な成分例］

- パーフルオロアルキル（C4-14）エトキシジメチコン
- トリフルオロアルキルジメチルトリメチルシロキシケイ酸

名前の一部に「フルオロ」と付く成分はだいたいコレ！

炭化水素油

・水添ポリイソブテン　・ミネラルオイル　・ワセリン　など

剤やパウダーが多いとより崩れにくくなります。

CHECK 2

美しく崩れるベースメイクとは

下地は「水」を主体に「シリコーン（シクロペンタシロキサンやジメチコン）」などの安定性の高いオイルを混ぜた構成の下地がおすすめです。肌に刺激になりにくく汗や皮脂に溶けにくいため対崩れ性能の高いベースが作れます。

また、シリコーン系より落ちやすいですが「トリエチルヘキサノイン」などのエステル系オイルを主体にした下地も比較的キレイに崩れます。

「粘膜アイライン」や「香り付きグロス」でアレルギーに!?

うるさいなぁもう、アイラインくらい
引かせてよね・・・男は楽でいいよな本当
目の小ささが
コンプレックス
研究しまくった
デカタレ目
粘膜までライン引かないと
逆に目が小さくみえる
ゴミ捨てる
だけでも
アイラインだけは
引いて外に出る

粘膜メイクは必須！インライン女子

特徴

- インラインはミリ単位で書く
- ナチュラル偽装が得意
- 黒目を大きく見せるコンタクトも使ってる

DATA

ナチュラルに化ける

潤い度：★★☆
刺激度：★★★
すっぴんとの格差：★★★

ここが
NG
ケア

「香料」や「染料」はアレルギーリスクあり！特に目の粘膜や唇に塗ると、成分が浸透しやすい

Check 1

メイク製品は基本的に安全だが「香料」「染料」はアレルゲンに

メイク製品は粘膜周囲に塗布する場合が多いので、**基礎化粧品以上に安全性を重視して作られています。**特に「目」周辺に使うアイメイク製品は、使用できる成分がかなり制限されているので、安めのプチプラコスメでも安心です。ただ「アレルギー」のリスクはあります。代表的なアレルゲンは「香料」と「染料」(P63参照)」です。これらはアレルゲンになりやすい『**タンパク質と反応しやすい成分**』で**あるうえに、肌への浸透性が高いからです。**

Check 2

「肌バリア」が弱い粘膜や唇は特にアレルギーリスク大！

私たちの皮膚表面には、異物やウィルスなどが肌の中に侵入しないように守る角層(＝肌バリア)があります。しかし目などの粘膜には角質層がなく、〝むき出し〟の状態なのです。

「香料(合成・天然不問)」や「染料」は、どこに塗ろうとある程度アレルギーリスクがありますが、肌バリアがない粘膜、あるいは傷口などに塗った場合は、**より成分が浸透しやすい**のでそのリスクが跳ね上がるのです。

かずのすけ格言　粘膜のインサイドラインは即卒業を。

「アレルギー」の原因と予防法とは

ザックリまとめると……

- アレルギー物質＝タンパク質系統の成分or反応性が高くタンパク質と結合しやすい成分（香料・染料）。
- アレルギー物質の摂取量が一定量を超えるとアレルギーに。特に目の粘膜や唇は浸透しやすい！
- 香料や染料は反応性と浸透性が高いものが多いため粘膜周囲での過度な利用には注意！

CHECK 1

アレルギーが起こる仕組み

アレルギーの原因物質は基本的に「タンパク質」系統の成分です。

こういったアレルゲン予備群の成分が体内に一定量取り込まれると「免疫機能」が危険と判断し過剰に作動します。これによってさまざまな症状が起こるのが「アレルギー」です。

アレルギーの原因物質

アレルギーの原因物質（アレルゲン）は、タンパク質を含むか、もしくはタンパク質と反応しやすい物質が基本です。

タンパク質を含むアレルゲン

（例）小麦、そば、卵、甲殻類、大豆、花粉、
ダニ、コラーゲン、シルク

タンパク質を含むもの全てが、アレルゲンになるわけではありません。含有するタンパク質の分子量や形が、人体の敵である「ウィルス」や「病原菌」に近いと、アレルゲンになりやすい傾向となっています。化粧品成分でも高分子のタンパク質系統成分には注意が必要です。

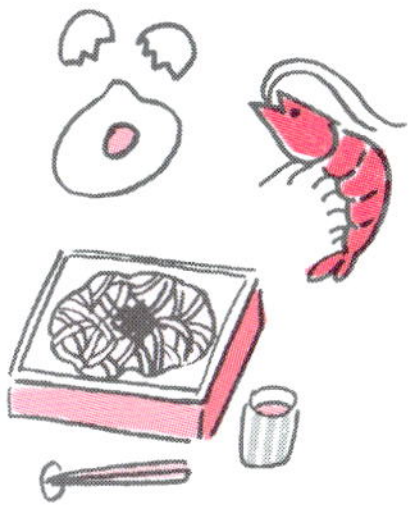

皮膚表面や体内のタンパク質等と反応してアレルゲンとなるもの

（例）香料、精油、染料、金属類

香料や染料や金属はタンパク質ではありませんが、反応性が非常に高く、皮膚の上や体内のタンパク質と化学反応を起こすと反応後の物質がアレルゲンになることがあります。

界面活性剤そのものではアレルギーは起こらない！

界面活性剤で肌が荒れたとしたら、その原因の多くは単に成分が皮膚表面に刺激を与えたことだと考えられます。ただしまれに原料に不純物が混ざっていることがあり、それが原因でアレルギーが起こるケースも確認されています。

CHECK 2

香料や染料がアレルゲンに？

「香料」や「染料」のように成分そのものがタンパク質系統成分でなくてもタンパク質と反応しやすい成分はその反応生成物がアレルゲンとして認識されてしまうことがあります（金属アレルギーも同じ理屈）。

特に粘膜周辺で使用する場合は吸収量が増えてリスク大です。

かずのすけ語録

アレルギーは突然発症する！　今は平気でも油断禁物

発色良過ぎなコスメは危険な「染料」にご用心

特徴

- メイクはユーチューバーをお手本にしている
- オルチャンメイクもティントも好き
- 会話するときは首が傾いている

DATA

色鮮やかな顔面

潤い度：★☆☆
刺激度：★★☆
激しい色使い：★★★

ここが **NG** ケア

やたらと色の濃いチークやリップは「染料」で色素沈着やアレルギーのおそれも

Check 1

コスメは「タール色素」で色を付けている

ファンデーションは、肌刺激のない「粉体」で主に色を付けています。しかしアイシャドウやチークなどのポイントメイク製品は**「タール色素」で着色するのが定番です。**

タール色素とは、「赤色１号」のように【色＋数字】で呼ばれている成分のことで、よく「タール色素は発ガン性物質だ！」などと叫ばれることがありますが、**常識的に使っていれば重篤な健康被害はありません。**ただし、**色素沈着やアレルギーのリスクは「あり」です。**

Check 2

「顔料」は基本的に安全だが「染料」はアレルギーリスクあり

「タール色素は絶対に使わないぞ！」という人もいます。しかしタール色素は「顔料」と「染料」の２種類に大きく分けられ、**基本的にアレルギーのリスクがあるのは染料だけです。**なので全部のタール色素を怖がる必要はなく、染料だけ避ければＯＫです。

例外はありますが、発色の強いコスメや、緑や紫などのややマイナーな色は、染料を利用しているケースが多いです。色鮮やかなメイクが好きな女子は特に気を付けましょう。

かずのすけ格言　カラーコスメは「染料」の有無がポイント。

タール色素の「顔料」or「染料」を見抜くには

ザックリまとめると……

- タール色素は、粒子の大きい『顔料』と粒子の小さい『染料』の2種類に大別できる。
- 「顔料」は穏やかな発色で落としやすい。粒子が大きいので、基本的に安全。
- 「染料」は発色が強く落ちにくい。粒子が小さいうえ、タンパク質と結合しやすくアレルギーリスクあり。

CHECK 1

着色料の代表格「タール色素」とは

着色料には天然の植物などの色素もありますが、代表的なのは化学合成で作る「タール色素」です。石炭(=タール)を分解するときに生まれる「コールタール」という物質を主原料としていたため、タール色素と呼ばれるようになりました。しかし昨今では、主に石油系成分で作られています。

タール色素の「顔料」と「染料」の違い

化粧品に使われるタール色素には「顔料」と「染料」の２種類があります。

＼OK／
◎ **顔料**（基本的に安全）

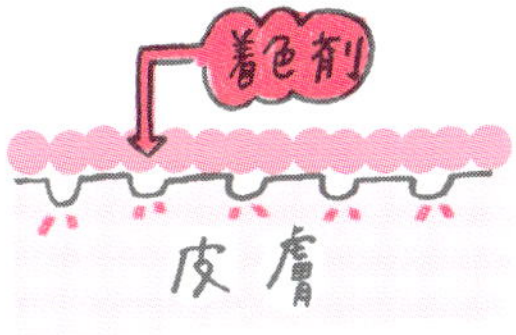

粒子が大きく、皮膚表面の凹凸にも入り込みません。密着が弱いので落ちやすく、発色も穏やかです。

＼注意／
△ **染料**（アレルギーリスクあり）

粒子が小さいので、皮膚表面の凹凸にしっかり入り込みます。隙間なくぴったり密着するので、落ちにくく発色も強めです。

注意❶　粒子が小さく反応性の高い染料はまれに「色素沈着」する場合も。唇はターンオーバーが早いのでリップの色素沈着は少なめですが色が移ってきたと感じたら注意を。

注意❷　粒子が小さく皮膚との反応性も高いため、長期間使い続けると「アレルギー」を発症することも。

口紅の発色のナゾ

普通の口紅は一般的に「顔料」を油で固めています。濃く発色させるにはたっぷり塗らないといけません。一方、「染料」がベースのリップティントなどは普通に塗るだけで濃く発色して色持ちも良いのです。さらにpHによって発色が変わるのも染料の特徴です。

CHECK 2

タール色素の「顔料」「染料」

「顔料」は粉なので粒子が大きく、肌の中はおろか、皮膚表面の凹凸にも深くは入り込みません。定着が弱い分、穏やかな発色で低刺激です。

一方、「染料」は分子が小さめで水や油に溶けるものもあります。皮膚の凹凸に入り込むので、しっかり定着して強く発色します。しかし皮膚に直接染着してしまう場合もあり色素沈着しやすいデメリットがあります。さらに皮膚に染着＝タンパク質と結合しているのでこの状態が長く続くとアレルゲンとしてみなされてアレルギー性皮膚炎を発症するリスクもあります。

リスクのある「染料」を見極める方法

ザックリまとめると……

- 染料には「酸性」「塩基性」「油性」「建て染め」の4種類がある。油性は比較的アレルギーリスクが低め。
- よく使われる染料でリスキーなのは「酸性染料」。もっともリスキーな建て染め染料もまれに使われている。
- 「顔料」は基本的に安全。左の早見表を参考に染料との見極めを！

CHECK 1

染料は4種類あり危険度にも違いが

①酸性染料：酸性になると発色するもの。皮膚は弱酸性なので、コスメによく配合されます。

②塩基性染料：アルカリ性になると発色するもの。ただし健康な肌は弱酸性なので、コスメには基本的に用いられません。

③建て染め染料：酸化還元反応で発色するもの。

④油性染料：油そのものを染色するもの。

タール色素の顔料＆染料早見表

化粧品に使われるタール色素は、厚労省が定める83種類のみ。ただし顔料も染料も「○色×号」という成分名なので、見分けるのは至難のワザですが、以下の早見表があれば、一目瞭然！

［タール色素の色番号別顔料／染料早見表］

色種別	顔料	染料
赤色	201	2（酸）
	202	3（酸）
	203	102（酸）
	204	104－(1)（酸）
	205	105－(1)（酸）
	206	106（酸）
	207	213（アルカリ）
	208	214（油）
	219	215（酸）
	220	218（酸）
	221	223（油）
	228	225（油）
	404	226（建）
	405	227（酸）
		230－(1)（酸）
		230－(2)（酸）
		231（酸）
		232（酸）
		401（酸）
		501（油）
		502（　）
		503（酸）
		504（酸）
		505（油）
		506（酸）
緑色		3（酸）
		201（酸）
		202（油）
		204（油）
		205（酸）
		401（酸）
		402（酸）

色種別	顔料	染料
青色	404	1（酸）
		2（酸）
		201（建）
		202（酸）
		203（酸）
		204（建）
		205（酸）
		403（油）
橙色	203	201（油）
	204	205（酸）
	401	206（油）
		207（酸）
		402（酸）
		403（油）
黄色	205	4（酸）
	401	5（酸）
		201（酸）
		202－(1)（酸）
		202－(2)（酸）
		203（酸）
		204（油）
		402（酸）
		403－(1)（酸）
		404（油）
		405（油）
		406（酸）
		407（酸）
褐色		201（酸）
紫色		201（油）
		401（酸）
黒色		401（酸）

（酸）…酸性染料　（アルカリ）…塩基性染料　（油）…油性染料　（建）…建て染め染料（酸化染料）
＊参考…癸巳化成株式会社／株式会社たけとんぼ公式ホームページ（http://www.taketombo.co.jp/index.htm）

CHECK 2

「化学反応」を起こす染料が危険

染料は肌の上で「化学反応」を起こすと、角質などのタンパク質と結合し、アレルゲンになる場合があります。

「酸性染料」は酸性になることによって、「建て染め染料」は酸化還元によって発色しますが、これこそが化学反応です。

コスメによく使われる染料で要注意なのは「酸性」系。酸化還元反応を起こす「建て染め」系は危険度が高く、化粧品には基本的に使われませんが、まれに使っている商品も。一方、「油性」系は既に油を染色した状態で使われているため比較的安全です。

メイクブラシ＆パフを「食器用洗剤」で洗うべからず

皿洗いのついでにメイク用ブラシも洗っちゃお～♪　清潔第一よね～
大人なんだしちゃんとしなきゃ、と必要以上にいろいろそろえがち
下地、ファンデ、チーク、アイカラーも全部専用のブラシを使っている
高級なものが大好き
ザブザブ
食器用洗剤
食器用洗剤でメイクブラシ洗う女子

特徴

- だいたいのものは食器用洗剤でキレイになる
- ハンドソープじゃブラシの汚れが落ちなかった
- クレンジングで洗うのはもったいない……

DATA

ちゃんと洗ってる私、エライ

潤い度：★★☆
刺激度：★★☆
ガサツ度：★★★

ここが NG ケア

「食器用洗剤」は素材をダメにする！絶対的おすすめは「おしゃれ着用洗剤」。

Check 1

食器用洗剤は素材を傷める！
すすぎ残した場合は皮膚刺激も

メイクブラシやパフは、「食器用洗剤」で洗うとよく聞きます。しかし食器用洗剤の洗浄成分「陰イオン界面活性剤」は、マイナスの静電気（＝陰イオン）を与えるので**素材が傷みます**。静電気で髪が逆立つように、メイクブラシの毛がゴワゴワに。また皮膚刺激も強く、すすぎ残した場合、肌への影響も心配です。シャンプーで洗う人もいますが、シャンプーは頭髪の皮脂をある程度残すように設計されており、**メイクの油汚れは落ちません。**

Check 2

「おしゃれ着用洗剤」で洗えば
超簡単＆ダメージレス♪

そこで最適なのが、シルクやウールも洗える**「おしゃれ着用洗剤」**。この洗浄成分は、静電気を帯びない**「非イオン系界面活性剤」**なので素材をほとんど傷めません。もし残留しても皮膚刺激がなく、なのに油落ちは◎（Ｐ２１０参照）。洗い方は簡単♪　①手頃な容器に、水20㎖とおしゃれ着用洗剤20㎖を注ぐ。②メイクブラシで約20秒かき混ぜる。パフの場合は割り箸などでかき混ぜ、約10分浸け置き。③水でよくすすいで乾燥させる。

かずのすけ格言　超高級ブラシも、食器用洗剤で３回洗えばゴミ箱行き。

メイクアイテムこそ「合成成分100%」で上等

特徴

- メイク選びの基準は天然素材かどうか
- 合成って響きが、なんとなく肌に悪そう
- 無添加、オーガニックに弱い

DATA

天然素材大好き!

潤い度：★★☆
刺激度：★★★
アレルギーリスク：★★★

ここが NG ケア

天然素材の自然派コスメには酸化やアレルギーのリスクが!?

Check 1

メイク製品は、基本的な添加物を避ければ安心

　洗顔料などは、刺激の強い合成界面活性剤をよく配合しています。ですが、メイクアイテムは肌に長くのせるものなので、静電気（＝刺激）を帯びない「非イオン系界面活性剤」を使うのが基本。これまでお伝えしたように、「染料」「香料」「紫外線吸収剤」「エタノール」などさえ避ければ、敏感肌でも安心です。

「じゃあ染料のない天然コスメを買おう」とすると罠が。自然派コスメは「**油脂**」や「**精油**」**を配合した商品が多いのです。**

Check 2

「油脂」は酸化して老化を促進「精油」はアレルギーリスクに

　メイク製品の油剤は「シリコーン」や「エステル油」が理想。これらは安定性が高く、「化学反応」を起こして刺激を生むことも、「酸化」して老化の原因になることもないからです。

　一方、動植物の「油脂」は、**酸化すると皮膚刺激や老化の原因に。**クレンジングとしては優秀な成分が多いですが、紫外線のもとでは特に酸化しやすく、メイク製品にはご法度。「精油」は、植物の芳香物質を凝縮した天然香料の一種で、アレルギーリスクがあります。

かずのすけ格言　メイクは断然、天然系よりケミカル系。

メイク製品にOKな「油剤」と「添加物」まとめ

ザックリまとめると……

● 油剤は「シリコーン」や「エステル油（ホホバ油、合成エステルなど）」が◎。「油脂」主成分は×。

● なるべく避ける↓「香料」「染料」、何種類も入っていたら避ける↓「精油」「植物エキス」。

● 成分表上位は避ける↓紫外線吸収剤（主にメトキシケイヒ酸エチルヘキシル）、エタノール、DPG等。

CHECK 1

自然派を気取らない国産の良質コスメを

メイク製品の「界面活性剤」は安全なので、香料、染料、紫外線吸収剤、アルコールを避けるだけで充分。ただし、イメージアップ狙いで精油や油脂を入れていると△。

また、コスメは国産で探すのが近道。国産ファンデは、染料たっぷりなことはまれですが、海外製はそうとも限りません。

メイク製品における理想的な油剤

メイク製品の油剤は、安定性が高く「酸化」や「刺激」のリスクのないものが理想的です。性質を自由に設定できる「エステル油」や「シリコーン」がおすすめです。

エステル油

炭化水素油（ミネラルオイル、シリコーンなど）と油脂の中間くらいの性質を持ち、シリコーンよりも落としやすい油です。

〔例〕

- トリエチルヘキサノイン
- ミリスチン酸イソプロピル
- パルミチン酸イソプロピル
- イソノナン酸イソノニル
- ラウリン酸ステアリル
- ホホバ油

シリコーン

「シリコーン」とは、ケイ素と酸素が結合した「ケイ石」を合成して作られる物質のこと。これをオイルにしたのが「シリコーンオイル」です。「鎖状シリコーン」と「環状シリコーン」の２種類に大別されます。

環状シリコーン（被膜の弱い、軽めのオイル）

- シクロペンタシロキサン
- シクロメチコン
- シクロヘキサシロキサン

鎖状シリコーンの成分名の頭に「シクロ」が付くもの。

鎖状シリコーン（被膜の強い、重めのオイル）

- ジメチコン
- アモジメチコン
- ジメチルシロキサン
- ジフェニルトリジメチコン

※多過ぎる落としにくくなるので注意。

成分名の末尾に「〜コン」「シロキサン」が付くもの。

CHECK 2

「酸化」ってなに？なぜ老化の原因に？

化粧品で肌荒れする多くの原因は、成分が皮膚の上でなんらかの「化学反応」を起こすからです。

化学反応にはさまざまな種類がありますが、もっとも身近で、かつ注意すべきなのが「酸化」。酸化とは、物質が「酸素」と結合する現象のことで、物質を変質させる原因になります。

空気に晒したりんごが徐々に黄ばむのも、金属がさびていくのも、毛穴の角質が黒ずんでいくのも、全て酸化のせいです。

では皮膚が酸化すると？シワ、たるみ、シミなどが生じてしまう一因になると言われています。

「油脂」と「精油」の見分け方

ザックリまとめると……

- 油脂……動植物の生態機能によって作られる油。馬油、オリーブ油、ツバキ油、アルガン油……etc。
- 精油……植物の「芳香物質」を凝縮したもの。ラベンダー油、ローズ油、オレンジ油、ハッカ油……etc。
- 植物の「油脂」は、実や種から採る。「精油」は植物の花・皮・葉から採る。アロマオイルも精油が原料。

CHECK 1

「油脂」と「精油」ってなに？

「油脂」とは、動植物の生態機能によって作られる天然のオイルのこと。動物性で有名なのは「馬油」ですね。植物系は「オリーブ油」「ツバキ油」など、たくさんあります。

一方、「精油」は植物のさまざまな「芳香物質」を抽出して凝縮したもの。例えば「ローズ油」や「ラベンダー油」などです。

「（植物）油脂」と「精油」の見分け方

植物の油脂と精油は、成分名が似ていて、見分け方が困難。「植物のどの部分から採取されているか？」を考えてみると、わかりやすくなります。

油脂 植物の「実」「種」から採る。

［例］
- オリーブ油
- アボカド油
- ココナッツ油
- アーモンド油
- ツバキ油
- ダイズ油
- ローズヒップ油
- アンズ油
- アルガニアスピノサ核油
- マカデミアナッツ油

精油 植物の「花」「皮」「葉（ハーブ）」「樹皮」から採る。

［例］
- グレープフルーツ果皮油
- オレンジ油
- ハッカ油
- ローズマリー油
- レモングラス油
- セージ油
- ローズ油
- ユーカリ油
- ラベンダー油

※オレンジ油：オレンジの「皮」が原料

アロマテラピーに使われるのは精油。

豆知識

精油はただの油じゃない

精油は「油」と名乗ってはいますが、実際は油ではなく、植物の芳香物質の集合体です。精油をキャリアオイルで薄めると「アロマオイル」になります。

CHECK 2

「油脂」と「精油」の見分け方

メイク製品は、油脂も精油も無添加がベスト（微量添加なら可）。一方、詳しくは第2章でお伝えしますが、クレンジングオイルはむしろ油脂系が理想です。しかし油脂と精油は、どちらも「植物の名前＋油（オイル）」の形で呼ばれており、見分けるのが難しいもの。そこで、見分ける方法を伝授します。

植物の油脂は「実」や「種」から採取されることが多いので「オリーブ油」「ココナッツ油」など、実のなる植物の油が基本。

対して精油は、植物の「花」「皮」「葉（ハーブ）」から採取されます。

「速さ」が自慢のまつエクサロンはやめなさい

まつエクに速さ求める女子

特徴

- なんでも「速さ」が大事
- まつエクは2週間に1度リペアに通う
- 会話にはくい気味で返事する

DATA

スピード感重視

潤い度：★★☆
刺激度：★★★
せっかち度：★★★

ここが **NG** ケア

どんなまつエクにも〝絶対安全〟はない。特に「速乾性」を求めると危険度が倍増

Check 1

まつエクは目元のトラブルも！ やるなら万全に安全対策を

まつ毛エクステが原因で、目元の皮膚炎やアレルギーを発症する人が増えています。

まつエクのグルー（接着剤）の主成分「シアノアクリレート」は、製造時に「ホルムアルデヒド」が使用されています。**これは「危険物扱いの成分**で、化粧品への配合は日本では認められていませんが、グルーの逆反応でホルムアルデヒドが発生するため皮膚炎などを発症するのです。危険性がある以上、まつエクはなるべく控えてほしいのが本音です。

Check 2

特に「速乾タイプ」のグルーは ホルムアルデヒドの影響大！

とはいえ「まつエクなしじゃ生きられない！」という声も聞こえてきそうですね。どうしてもやるなら、リスク対策を万全に。

まず、**「速乾」タイプのグルーは避けます。**グルーがホルムアルデヒドを放出するのは、固まるまでの間。速乾タイプだと、短時間に集中的にホルムアルデヒドを浴びるのでリスクが上がります。ゆっくり固まる低刺激タイプのグルーを選びましょう。**ただし低刺激タイプでも危険性はゼロではありません。**

かずのすけ格言　まつエク施術に「スピード」は求めるな。

まつエクのグルーは、4種類の中から低刺激タイプを選べ

ザックリまとめると……

- まつエクのグルーの成分「シアノアクリレート」の製造工程では、危険物「ホルムアルデヒド」が使われる。
- グルーが固まる間に「ホルムアルデヒド」が発生し、目元の皮膚や粘膜を刺激することでトラブルにも。
- シアノアクリレートはメチル系＞エチル系＞ブチル系＞メトキシエチル系の順に硬化が速い。

CHECK 1

まつエクのグルーなにが問題なの？

まつエクのグルーは、市販の瞬間接着剤にも使われている「シアノアクリレート」というアクリル樹脂系成分が主原料です。これは毒性の低い成分ですが、「ホルムアルデヒド」という物質を使って製造されているため、逆反応でこの成分が発生します。

この結果まつエクにより強い目への刺激や皮膚

まつエクの「グルー」の４種類

まつ毛エクステのグルーの主成分「シアノアクリレート」は、加えている官能基に応じて、4タイプに分類されます。どのタイプのシアノアクリレートを原料にしているかで、グルーの特徴や刺激度が異なります。

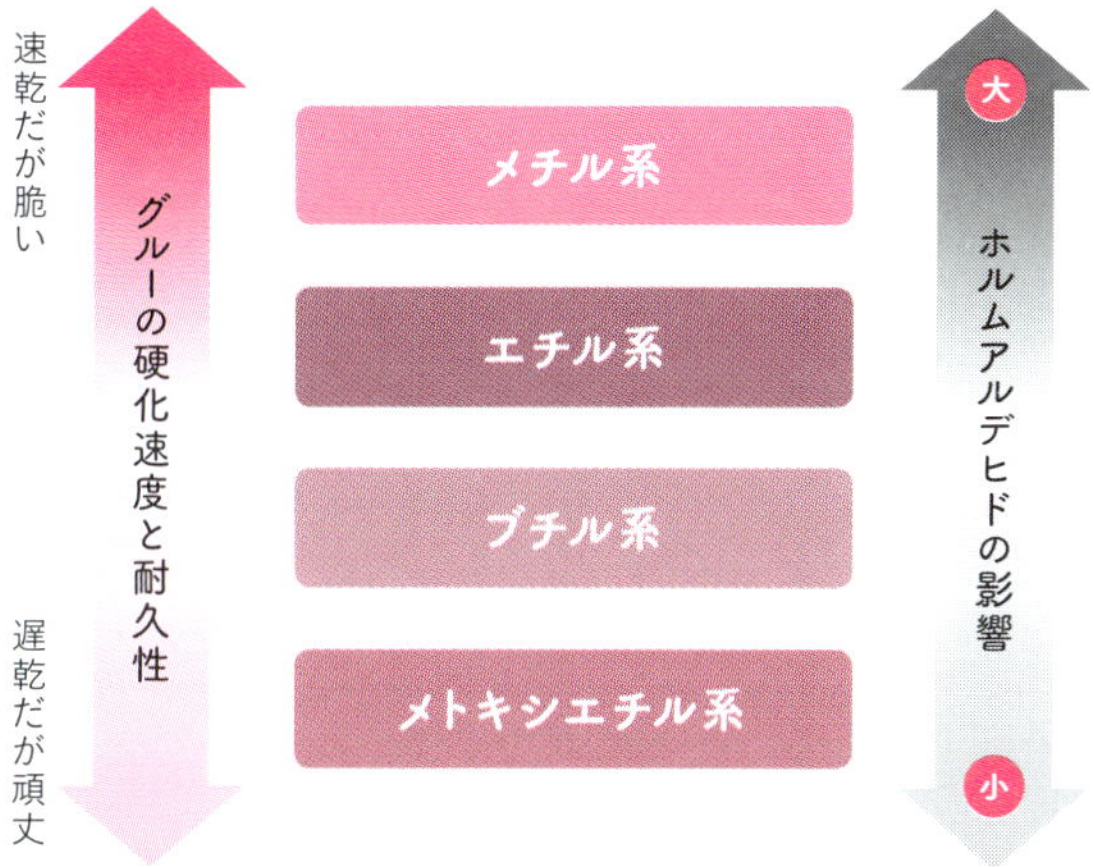

硬さ＆耐久性

「メチル系」や「エチル系」のグルーは速く固まるのが特徴ですが、素早く固まるとそれだけ結晶構造が雑になるため衝撃に弱く脆くなってしまいます。ブチル系やメトキシエチル系のほうが乾燥が遅くやや軟らかい弾力のある接着剤ですが結晶構造が密に整列するので衝撃に強く頑丈です。

速乾性＆刺激性

「ホルムアルデヒド」の揮発の総量はどのタイプも大体同じですが、速乾タイプは短時間で集中的にホルムアルデヒドを放出するため、より刺激を感じやすくなります。対して遅乾タイプは長い時間をかけて少しずつ放出するので比較的低刺激です。

炎、網膜に損傷を与える事件が続発しています。

CHECK 2

ホルムアルデヒドって一体なに？

「ホルムアルデヒド」はシックハウス症候群の原因物質で、海外では微量配合で防腐剤として利用されていますが、毒性が強く日本では「危険物」として扱われており、化粧品への配合は認可されていません。

かずのすけ語録

美容師免許がない違法アイリストにも要注意！

まつエク女子のアイメイク＆クレンジングは大丈夫？

ザックリまとめると……

- フィルムマスカラは○。「炭酸プロピレン」配合のマスカラや下地はグルーを溶かすことが。敏感肌にも×。
- 速乾系グルーは不完全で空洞が多い。クレンジングの成分が空洞に入り、エクステが取れがち。
- 遅乾系グルーは空洞がなく、クレンジングの種類問わずエクステが取れにくい。取れる原因は主に摩擦。

CHECK 1

まつエクや敏感肌に炭酸プロピレンは×

マスカラや下地には、液体を早く固める「炭酸プロピレン」が入った商品も。これは第4類危険物。化粧品なら微量配合のため基本的に安全ですが、敏感肌の人は刺激を感じることも。また、物質を溶かし込む「溶剤」の一種なので、まつエクに使用するとグルーが溶けやすくなるので禁物です。

オイルクレンジングが使える!? 低刺激グルーの意外な実力

まつエクにオイルクレンジングは使えないと思われがちですが、実は成分的にはどのグルーも一般的なオイルに溶けることはありません。オイルでまつエクが取れやすいと感じるのは、実は「速乾性グルー」のせいなのです。

OK!
低刺激グルーなら
オイルクレンジング
もOK。
速乾系グルーは
オイルクレンジング
NG。

摩擦を避けるために「フィルムマスカラ」を

クレンジングの成分というよりも「摩擦」を避けるために、まつエク女子のマスカラはお湯で落ちる「フィルムタイプ」が◎。

CHECK 2

オイルで取れるのは速乾系グルーのみ

速乾系のグルーは、結晶がまばらに固まるため、空洞が多くスカスカ。浸透しやすいオイルクレンジング剤を使うと成分が空洞に入り込み、エクステが取れやすいのです。「まつエクはオイルNG」と言われるのは油の浸透性が水より高いためです。

一方、ゆっくりと固まるグルーは、結晶がきちんと完成していて空洞がありません。この場合強力なオイルクレンジングだろうと取れません。過度な摩擦さえ加えなければ理論上どんなクレンジングでも使用可能です。

二重《ふたえ》メイクでまぶたが腫れ上がることも⁉

高1から二重コスメ女子

特徴

- すっぴんのまぶたはお岩さん
- 明日起きたら二重になってると思いながら寝る
- 昔の写真は黒歴史

DATA

一重がイヤ!

潤い度：★★☆
刺激度：★★★
すっぴんとの格差：★★★

ここが NG ケア

二重コスメの定番成分「ゴムラテックス」はアレルギー患者が山ほどいるので要注意！

Check 1

二重コスメの粘着成分は「ゴムラテックス」が主流

二重まぶたを作るコスメやテープ。これらは粘着成分をまぶたに塗り、その上から二重のラインを形成するものが多いようです。

粘着成分としてよく使われるのが「ゴムラテックス」。これは、いわゆる「天然ゴム」です。天然と聞くと優しそうですが、実は「ラテックスアレルギー」の人は大勢います。ゴムラテックス配合の二重コスメを毎日のように使い続けると、**アレルギーを発症する可能性が充分あります。**

Check 2

ラテックスアレルギーがイヤなら「樹脂」系の二重コスメに

ラテックスアレルギーを発症すると、ラテックスゴム製の二重コスメはもちろん、さまざまなゴム製品（ゴム手袋、輪ゴムなど）に対してアレルギー症状が出ます。皮膚の赤み・かゆみ・腫れの他、重症例ではアナフィラキシーショックなどもあります。

どうしても二重コスメを使うなら、**アレルギーリスクのない「ポリマー（樹脂）」で粘着するものがベター。**次のページで、ポリマーの具体的な成分名を見てみましょう。

かずのすけ格言　天然ゴムより断然、ポリマー。

二重コスメの正しい選び方とは？

ザックリまとめると……

- ゴムラテックス（天然ゴム）で粘着する二重コスメは、アレルギーリスクがあるので避ける。
- 二重コスメを使うなら、ゴムラテックスではなく「ポリマー（樹脂）」を使ったものが比較的安全。
- ポリマー系で人気の二重コスメでも、植物エキスを大量配合した商品も。このような場合は要注意。

CHECK 1

まぶたの脂肪は二重コスメで減る？

スリミング系成分で、まぶたの脂肪やむくみを取り、本物の二重まぶたになれると謳うコスメもあります。

しかし化粧品に痩身効果は認められていません。皮膚表面がきゅっと引き締まる収れん作用はありますが、皮下脂肪は減りません。「痩せる」と

ポリマー（樹脂）の成分名の見分け方

二重コスメの成分表上位をチェックして、「ゴムラテックス」と書いてあれば、アレルギーリスクがあるのでNG。ゴムラテックスではなく、下記の成分名があると「ポリマー」で粘着しており、比較的安全です。

二重コスメに使われるポリマー成分の例

- アクリレーツコポリマー
- （メタクリロイルオキシエチルカルボキシベタイン/メタクリル酸アルキル）コポリマー
- （アクリレーツ/アクリル酸エチルヘキシル）コポリマー
- アクリル酸アルキルコポリマーアンモニウム
- ポリグルタミン酸

＊（名前の一部に）「**〜ポリマー**」と付く成分

基本的には二重コスメのポリマー系成分は水溶性で水やお湯で落ちるものが多い。

天然ゴム成分

- ゴムラテックス

イメージUP成分に注意

ポリマー系の二重コスメは比較的安全ですが、肌に優しいイメージを与えるためか「植物エキス」を10種類以上も配合した商品も。この場合、ゴムラテックスアレルギーは防げますが、植物エキスによるアレルギーリスクが高まるので要注意。毎日の使用はおすすめできません。

謳えば景品表示法違反になります。化粧品では、まぶたの厚みは変わりません。

CHECK 2

アレルギーの自覚がないことも？

目元は敏感なので、アイメイク製品はより安全な成分で作るのが一般的。アレルギーリスクの高いゴムラテックスを使った二重コスメは異色です。

リスクを見越してか、二重コスメは「抗炎症成分」配合の商品が多いので、皮膚の炎症が表面化せず、アレルギーに気づかないおそれも。違和感があれば即使用中止を！

KAZUNOSUKE COLUMN 1

唇が瞬時にふっくらするグロス??

「塗った瞬間から、唇がぷっくりボリューミーになる♥」と大ヒット中のリップグロスをご存知ですか？　これは「トウガラシ果実エキス」が唇に微弱な「炎症」を起こすことで、唇が軽く腫れたように膨らみ、血色も良くなるのです。市販の薬用リップも「dL-カンフル」などのわざと微小炎症を起こす成分をよく配合しており、メカニズム自体は珍しくありません。微小な炎症によって角質の代謝を促し若い皮膚の生成を促す有効成分です。

しかし炎症を起こす成分ですから、長い目で見るとどちらも肌に良くはありません。特に、トウガラシ果実エキスは刺激感も強めで、敏感肌の人は唇が荒れる場合も。問題なく愛用しているなら、そのままでけっこうですが、水疱などができたらすぐに使用を中止してください。

炎症を起こすと、肌がそれを早く修復しようとするため「ターンオーバー」が早まります。ですから唇が荒れている場合は、このグロスで回復が早まる可能性はありますが、唇は「角質層」が存在しない分、もとからターンオーバーが早いですし、普通のリップクリームでケアしていれば、わりと早く治るでしょう。

なんと睡眠中も、保湿のためにこのグロスを塗る女子もいるとか。ですが、あくまでもメイクアップ製品なので、保湿効果を期待するのは間違いです。このグロスは塗膜感の強い「ポリブテン」や「ミネラルオイル」などの油を配合しているので、ワセリン的に潤い成分の〝フタ〟としては役立つでしょう。しかし、これなら普通のリップクリームで事足りますし、コスパも断然良いですね。

➡リップクリームの選び方はP121をチェック！

第2章

オトナ女子のためのスキンケア

スキンケアは毎日の習慣。
でも、その習慣ってホントに正解？
不要なスキンケア、効果的なスキンケア方法など、
もっとシンプルにする美容情報です。

肌の「水分量診断」で一喜一憂するべからず!

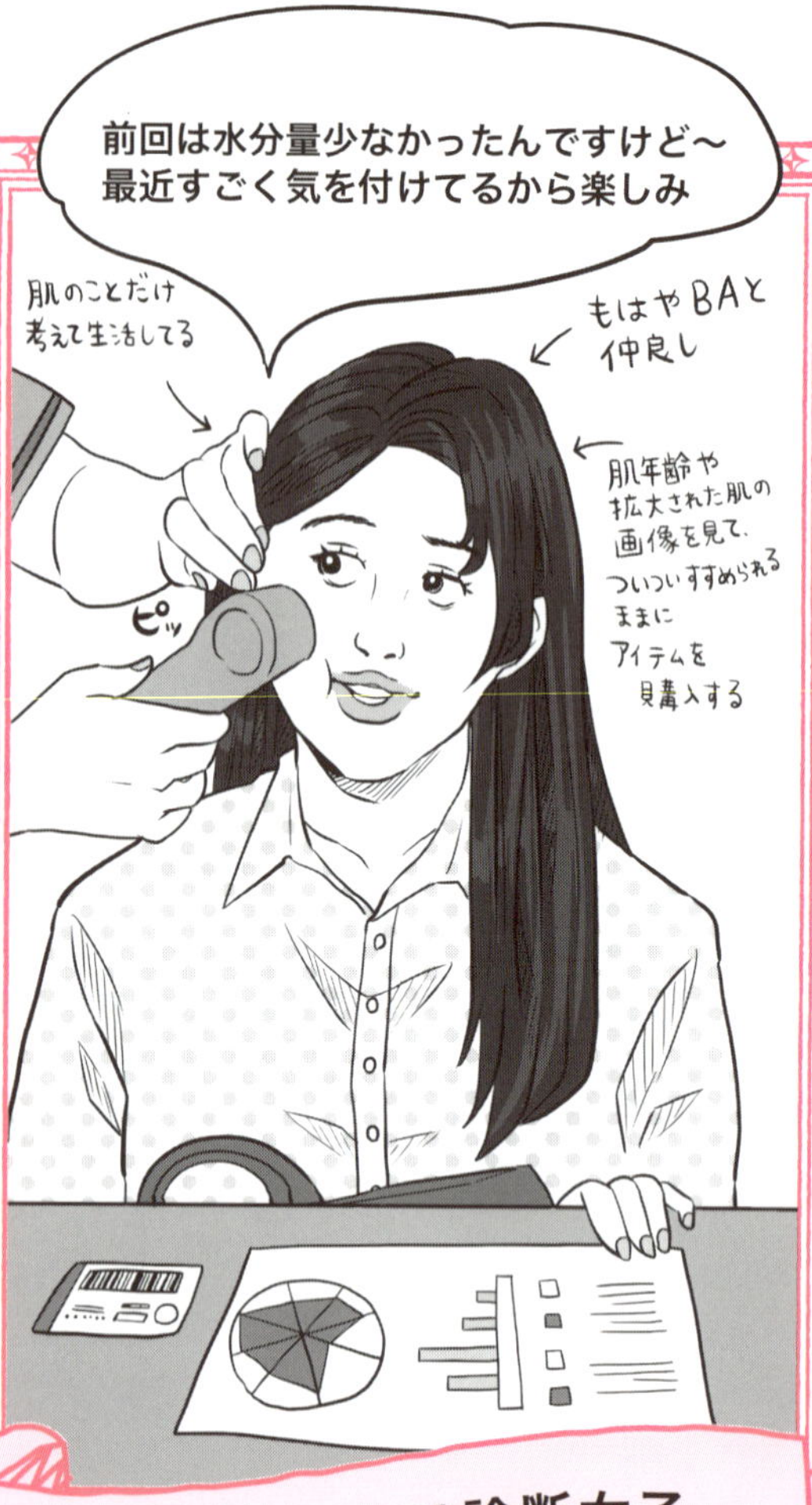
前回は水分量少なかったんですけど〜
最近すごく気を付けてるから楽しみ
肌のことだけ考えて生活してる
もはやBAと仲良し
肌年齢や拡大された肌の画像を見て、ついついすすめられるままにアイテムを購入する
ピッ

カウンターで肌診断女子

特徴

- 肌の構造について勝手に語り出す
- BAにすすめられるとつい買ってしまう
- 良い診断結果だけをインスタにアップする

DATA

月イチ肌診断

潤い度：★★☆
刺激度：★☆☆
肌年齢も気になる：★★★

ここが **NG** ケア

適切な水分量は人それぞれだし、多ければ良いわけじゃない

Check 1

「角層」の厚さによって適切な水分量は異なる

コスメカウンターにある、肌の水分量診断マシン。これは皮膚表面の「角層」の水分量を測るものですが、角層の厚さには個人差があり、**保持できる水分量も人それぞれです。** 厚い角層のほうが水分を多く蓄えられるわけで、皮膚が薄い人は普通より水分量が少なくて当然です。平均と比べて「あなたの肌は水分が少ないからダメ」なんてジャッジは不可能です。**大切なのは自分の感覚。** 自分が「肌の調子いいな」と思っているなら大丈夫です！

Check 2

水分過剰のフニャフニャ角層は「肌バリア」として頼りにならず

肌の水分量は、少ないのは良くありませんが、多ければ良いわけでもありません。「角層」とは、刺激や乾燥から肌を守っている「**肌バリア**」です。バリアとしてしっかり機能するには、それなりに硬くキュッと引き締まっている必要があります。水が多過ぎると角層がふやけて、バリアパワーが弱まってしまうので、肌荒れや敏感肌の原因になります。巻頭ページでもお伝えしたように、**化粧水も〝適量〟がベストなのです。**

かずのすけ格言 植物も肌も、水のやり過ぎは枯れる原因。

健やか肌の秘訣は「角層」と「皮膚常在菌」

ザックリまとめると……

- 角層は「天然保湿因子」「細胞間脂質（セラミド）」「皮脂膜」によって、肌の潤い＆バリアを司っている。
- 病原体や雑菌は「弱酸性」の中では生きられない。弱酸性の皮脂膜で覆われることで、肌は健康を保てる。
- 皮脂膜を作るのは、肌の上にいる「皮膚常在菌」。よって皮膚常在菌を適度に生かすことも大切。

CHECK 1

肌を洗い過ぎるとダメなのはなぜ？

人間の皮膚表面の「角層」が〝肌バリア〟となり、病原体や刺激成分が肌に入るのを防いでいます。同時に「水分」を蓄え、肌の潤いを守ります。

洗浄力の強い洗顔料などを使い続けると、角層の水分やバリアを保っている成分（左図参照）が減り、乾燥や刺激に弱い肌

角層の構造

肌の潤い＆バリアを保っているのが、角層の「天然保湿因子」「細胞間脂質（主成分：セラミド）」「皮脂膜」。そして「皮膚常在菌」も大切な存在です。

角層に大切な３要素

1 皮脂膜

角層にフタをし、水分の蒸発を防ぐ。また、皮膚表面を「弱酸性」に保ち、ウィルスや雑菌の繁殖を防ぐ。

2 細胞間脂質（主成分：セラミド）

細胞同士の「隙間」を埋めて、刺激物質の侵入＆水分の蒸発を防ぐ。

3 天然保湿因子（NMF）

アミノ酸などを主成分とした肌本来の保湿成分。

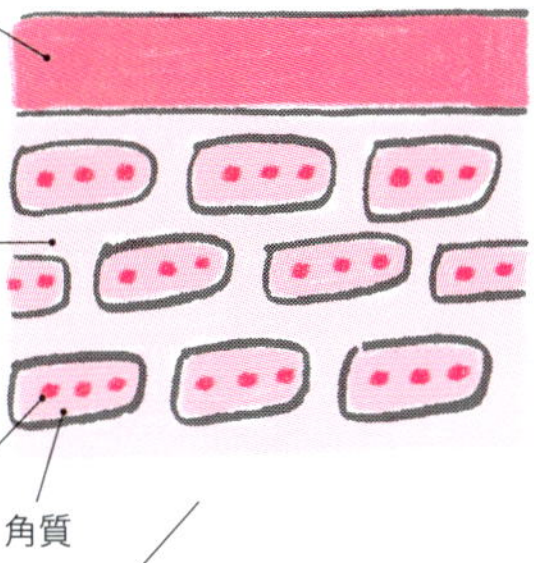

化粧品の浸透とは？

一般的に「化粧品」は「角層」までが効果の範囲となっています。角層は皮膚表面0.02㎜の厚さしかなく、「化粧品の成分が浸透する！」と言っても浸透するのはあくまでその程度までとなります。重要なのは角層で肌を守る成分を適切に補給することなのです。

●皮脂膜を作っているのは「皮膚常在菌」！

肌の上には、無数の「皮膚常在菌」がいます。常在菌は「皮脂」を食べ、弱酸性の「脂肪酸」を作ってくれます。これと汗が混ざることで「皮脂膜」が生まれるのです。皮脂膜は、脂肪酸の影響で弱酸性です。

になってしまいます。

CHECK 2

弱酸性の皮脂膜は人体を守るベール

人間の体内は弱アルカリ性で、皮膚表面だけが「弱酸性」なのです。

ウィルスや雑菌は、アルカリ性の中で活性し、弱酸性の中では弱まります。健康な体や肌を保つために、人類は進化の中で「皮脂膜」という弱酸性のベールをまとう術を獲得したのです。

なおアルカリ性の石鹸を使うと、皮膚がアルカリ性に傾きますが、皮脂のアルカリ中和作用により数十分程度で弱酸性に戻ります。

洗顔はゆっくり丁寧に……している場合ではない！

特徴

- 5分は泡マッサージする
- なんでもやり過ぎてしまう性格
- 最近、肌が水をはじかなくなった気がする

DATA

洗顔＝マッサージ

潤い度：★☆☆
刺激度：★★★
洗顔時間長い：★★★

ここが **NG** ケア

洗顔料は20秒以上肌にのせない！余計なことはせず、素早くシャワーでオフ

Check 1

洗顔料の陰イオン界面活性剤は刺激があるので素早く流すべし

「クレンジング」は、メイクを「油」で浮かせて「**非イオン界面活性剤**」で洗い流します。非イオン系の界面活性剤は、静電気を帯びないのでその点の刺激はありません。脱脂作用の強い油を使った商品は、乾燥を招きますが、本書で推奨している「**油脂**」は安心です。

しかし「洗顔料」は、微弱な刺激性のある「陰イオン界面活性剤」で肌の汚れを落とすもの。優秀な洗顔料でも刺激ゼロではないので、**肌にのせたら20秒以内に落とすのが理想です。**

Check 2

こすらなくても肌の汚れは落ちる！顔に泡をのせたら、すぐにシャワーを

メイクを落とすには、クレンジングで肌を多少こすります。一方、洗顔料は汗や皮脂を落としますが、これらの「**皮膚の汚れ**」**はお湯だけで8割がた落ちるので、こする必要なし。**

洗顔料で泡を作ったら、摩擦を避けるように肌ではなく「泡」に触れるように顔全体に広げ、すぐに流します。**すすぎは手よりも「シャワー」**のほうが早いですし、洗い残しも防げて◎。シャワーの水圧を心配する人がいますが、弱めに調節すれば大丈夫です。

かずのすけ格言　フェイスラインにニキビがよくできる人は、すすぎ残しの疑いあり。

クレンジング＆洗顔料は「界面活性剤」の種類が違う！

ザックリまとめると……

- クレンジングの界面活性剤は、メイク汚れを流すための「非イオン系」で成分的な刺激はほぼなし。
- ただしクレンジングは、メイク汚れを「油」で浮かす。脱脂力が高い油の場合は、乾燥を招く場合も。
- 洗顔料は刺激性のある「陰イオン界面活性剤」が基本だが、アミノ酸系などの優しい成分もある。

CHECK 1

クレンジングの界面活性剤は低刺激

クレンジングの界面活性剤は、油分で浮かせたメイクを「流す」役割。油分が摩擦緩和の役割を果たすので陰イオン界面活性剤は使用しません。ただしリキッドタイプのクレンジングは摩擦緩和の油も泡もないので摩擦による肌への負担も。

洗顔料＆クレンジングの界面活性剤

クレンジングと洗顔料は、使っている界面活性剤の種類が異なります。

「洗顔料」の界面活性剤

陰イオン界面活性剤
（泡立ち・洗浄作用／皮膚刺激あり）

刺激高めの陰イオン界面活性剤

* 「石鹸系：「石鹸素地」「カリ石鹸素地」「ラウリン酸Na」など
* 硫酸系：「ラウリル硫酸Na」「ラウレス硫酸Na」など

低刺激な陰イオン界面活性剤

* カルボン酸系：「ラウレス-5カルボン酸Na」「ラウレス-4酢酸Na」など
* アミノ酸系：「ラウロイルメチルアラニンNa」「ココイルグルタミン酸Na」など

「クレンジング」の界面活性剤

非イオン界面活性剤
（乳化・洗浄作用／静電気による刺激なし）

* 「トリイソステアリン酸PEG-20グリセリル」
* 「ポリソルベート80」
* 「テトラオレイン酸ソルベス」
* 「ステアリン酸ソルビタン」
* 「PEG-60水添ヒマシ油」など

！ 全て合成成分で難しい成分名だが、とても安全性の高い成分。

クレンジングの界面活性剤は静電気を帯びない「非イオン系」なので静電気による刺激はありません。クレンジングの肌負担は主成分のオイルや溶剤等による「脱脂作用」がその主たる原因です。

界面活性剤の刺激は「静電気」のせい！

一部の界面活性剤に皮膚刺激があるのは静電気を帯びる性質が関係しています。実は静電気は日常のあちこちで発生しており、気づかない小さな静電気でも、積み重なると肌の炎症やかゆみの原因になります。

CHECK 2

洗顔料の界面活性剤にはちょっと注意を

洗顔料は主に「皮膚の汚れ」を洗い流すものなので、泡立ち＆洗浄作用の「陰イオン界面活性剤」を配合しています。これは刺激性があります。陰イオン系でも「カルボン酸系」や「アミノ酸系」の成分ならかなり低刺激ですが、それでも非イオン系のように刺激ゼロではありません。洗顔料は早めに洗い流しましょう。

かずのすけ語録

クレンジングも油脂系以外は乾燥するので早く流す

「石鹸で落とせるコスメ」は普通のコスメと大差なし

石鹸でおちないメイクってさ〜
相当成分やばいと思うから使わないの
好きな飲みものは白湯
石けんを基準に考えがち
朝必ず肌のチェックをする
オーガニック石けん
カシミア
めちゃくちゃ泡立てる
コットン100%
石鹸で落ちるコスメ女子

特徴

- 「石鹸」＝「優しい」＝「勘違い」
- 自分へのご褒美が多い
- 最近オーガニックに目覚めてきた

DATA

「優しさ」重視！

潤い度：★☆☆
刺激度：★★★
私生活も優しくされたい：★★★

ここがNGケア

「石鹸で落とせます」は当たり前！石鹸はむしろ乾燥肌・敏感肌には負担

Check 1

石鹸の洗浄力はパワフル！普通のメイクはたいてい落とせる

「クレンジングは肌負担が大きいから、石鹸で落ちるメイクにしよう」という女子が増えているようですが、**「石鹸」は、世間の印象よりもずっと洗浄力の強い「陰イオン界面活性剤」です。**石鹸を塗ってある程度こすれば、普通のファンデーションなら、たいてい落ちます（被膜力の強い炭化水素油やシリコーンが多い商品は別）。それを「石鹸で落ちます」と表現することで、特別優しい商品のように見せているだけなのです。

Check 2

石鹸や優しい洗顔料だけよりも油脂クレンジングを使うほうが◎

石鹸の肌負担は、本書推奨の「油脂」や、最近多い「合成エステル油」のクレンジングより強めです。市販の安い「ミネラルオイル」系クレンジングに比べればだいぶマシですが……。

ちなみに**〝石鹸で落とせる＝優しい洗顔料〟ではありません。**そういう商品もありますが、勝手な解釈は肌トラブルのもと。むしろ油脂クレンジングは、低刺激な「アミノ酸系洗顔料」などよりもさらに肌負担が少ないので、安心してください。

かずのすけ格言　「石鹸で落とせる＝優しいメイク」は間違い。

洗顔料&クレンジングの肌負担 種類別ランキング

ザックリまとめると……

- 洗浄系スキンケアの肌ダメージは「脱脂」「帯電性（静電気）」「肌への摩擦」が原因で生じる。
- 石鹸の場合は、さらに「アルカリ性」であることも肌ダメージの要因となっている。
- 皮膚刺激の正体は、実は「静電気」。静電気は日常的に発生しており、微弱なものでも蓄積すれば刺激に。

CHECK 1

クレンジングや洗顔の肌負担とは

どんなに優秀なコスメでも「洗顔」や「クレンジング」は肌に少なからず負担を与えます。

その主な要因は、①脱脂、②静電気、③摩擦。さらに、石鹸に限り「アルカリ性」であることも負担要因に加わります。

洗顔料やクレンジングの肌負担は、これらの要

肌負担の強い洗顔料&クレンジング

洗顔料&クレンジングの肌負担レベルを、主成分別に比較してみます。

［肌負担ワーストランキング］

ワースト 1　ラウリル硫酸Na系の洗顔料

現在日本にはほぼ存在しない

ラウリル硫酸Naは非常に「脱脂力」が強いうえ、強力な「帯電性」がある陰イオン界面活性剤。洗顔料である以上、肌に「摩擦」も加えるので、肌負担の３要因が揃っている。あまりに刺激が強いので日本産の洗顔料に配合されることはまずない（外資系や海外製の洗顔料にまれにあり）。

ワースト 2　ミネラルオイル系のクレンジング

市販安価クレンジングの定番

クレンジング剤は「非イオン系」の界面活性剤を使っているので「静電気」はない。また、オイルの場合は「摩擦」もかなり軽減される。しかし「ミネラルオイル」は、ラウリル硫酸Naを圧倒するほど「脱脂力」が強力。

ワースト 3　石鹸系の洗顔料

市販のペースト洗顔料や一般的な固形石鹸

人間の肌は弱酸性で、アルカリは皮脂を強力に「脱脂」する。また、石鹸自体が帯びている「静電気」は弱いが、オイルではないので「摩擦」も必要である。

ワースト 4　エステルオイル系のクレンジング

1000円以上のオイルクレンジングは大体これ

ミネラルオイルより断然マシだが、けっこうな「脱脂力」を持つ。ただしクレンジングオイルなので「静電気」は帯びず、「摩擦」も軽減できるのでワースト４位（商品によっては石鹸と同程度）。

因から総合的に判断できます。

CHECK 2

肌に優しい洗顔料&クレンジングとは

「カルボン酸系」や「アミノ酸系」の洗浄成分は、陰イオン界面活性剤ではありますが、脱脂力と帯電性を弱めた低刺激タイプ。どちらも充分優しい成分です。

「油脂クレンジング」はオイルなので脱脂力はありますが、動植物の油脂は人の「皮脂」と同質なので、むしろ油分の補給にもなります。

「石鹸で落とせるコスメ」は優しい洗顔料でも落ちる？

ザックリまとめると……

- 「石鹸で落ちます」＝「優しい洗顔料で落ちます」ではない。勝手な解釈はNG！
- 特に日焼け止めやリキッドファンデは、油分量が多いので、優しい洗顔料では無理。
- ほぼ油分のないパウダーコスメに「石鹸で落ちます」とあれば、優しい洗顔料で落ちる可能性が高い。

CHECK 1

石鹸で落ちても優しい洗顔料では×

「石鹸で落ちる」とは、「優しい洗顔料で落ちる」という意味ではありません。例えば、リキッドファンデーションや日焼け止めなどの「油」が多い化粧品は、石鹸レベルの洗浄力が必須。容器を振って混ぜる二層式タイプなら、洗浄作用のある界面活性剤が少ないので、余計に落ちません。

「石鹸で落ちる＝洗顔料で落ちる」ではない！

「石鹸で落ちる」というのは、「優しい洗顔料でも落ちる」ということではありません。間違って解釈しないようにしましょう。

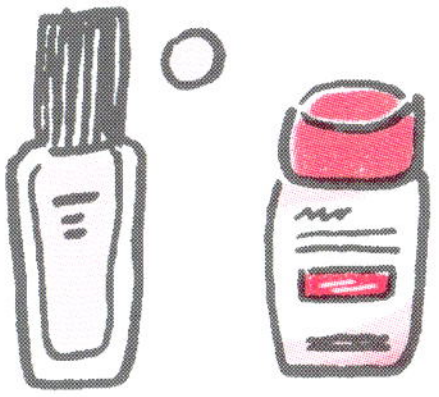

「石鹸で落ちます」と書いてある
日焼け止め・
リキッドファンデなど

➡油分量が多いので、
優しい洗顔料では落ちない！

「石鹸で落ちます」と書いてある
パウダー

➡油分がほぼ入っていなければ、
優しい洗顔料でも
落とせる可能性はある。

CHECK 2

優しい洗顔料でも例外的にOKな場合

「石鹸で落ちます」と書いてあり、ほぼ油分のないパウダーコスメは優しい洗顔料でもOK。

「お湯で落ちます」というコスメは、実際にお湯だけで落とそうとすると、肌を摩擦する必要があります。こんなときは優しい洗顔料の泡を顔に広げて、すぐにお湯で流すと、ほぼ摩擦ゼロでオフできるので便利です。

かずのすけ語録

石鹸と優しい洗顔料を同列に考えちゃダメ！

「拭き取り化粧水」は角質とシミを増やすだけ

女子はお手入れしてなんぼ。
多分５０代とかになったら違ってくるから
肌が赤くなりがち
友達にもふき取り化粧水を布教したがる
愛用ブランドのコットン必須
何でも徹底的にやらなければ気がすまない
くせっ毛
もっちり化粧水
ふきとるだけ化粧水
eyecream

拭き取り化粧水愛用女子

特徴

- ちょっとお高めのブランドコットン愛用
- 拭き取り化粧水をやたらと布教したがる
- やり過ぎて赤みが出ている

DATA

ターンオーバー正常化！

潤い度：★★☆
刺激度：★★☆
美白度：★★★

ここが
NG
ケア

「拭き取り化粧水」は、もはや過去の遺物。コットンの摩擦で、肌が黒ずむおそれも！

Check 1

拭き取り化粧水が必要なのは昔のクレンジングだけ

皮膚に残ったメイク汚れや角質をオフする「拭き取り化粧水」は不要なアイテムです。

一昔前に使われていた「コールドクリーム」というクレンジングは、界面活性剤を使わず、ミネラルオイルなどの油の力だけで化粧を浮かせるものでした。そのためメイクが肌に残ってしまうので拭き取り化粧水を使っていたのです。現代では**界面活性剤などのクレンジング技術が進化しているので、拭き取り化粧水を併用する必要はありません。**

Check 2

肌をこすると角質が厚くなったり「メラニン」が生成される！

もしメイクが多少肌に残っても「ターンオーバー」によって古い角質と一緒にはがれるので心配無用。ただしメイクが「毛穴」に詰まっている人は、クレンジングの見直しを。

拭き取り化粧水はコットンで皮膚をこすりますが、**刺激を受けた肌は身を守るために「角質」を厚くし、シミのもと「メラニン」を生成することもあります。**メラニンは紫外線だけでなく、あらゆる「刺激」が原因で生成される物質です。シミの原因になるので注意！

かずのすけ格言　拭き取り化粧水は、正直デメリットしかない。

「シミ消しコスメ」がシミを濃くする恐怖

特徴

- シミ消しコスメはほとんど試してる
- 日サロに通っていた過去の自分にダメ出ししたい
- 外出には日傘とアームバンド必須

DATA

シミ根絶!

潤い度：★★☆
刺激度：★★☆
コンシーラー絶対：★★★

ここが
NG
ケア

化粧品でシミを消すのは、潔くあきらめよ！美白成分の刺激で「炎症ジミ」ができる人も

Check 1

美白成分でシミを消すのは現実的にはほぼ不可能！

美白とは、肌の色調変化を「予防」することと定義されています。**美白化粧品で明らかに肌が白くなることは、基本的にはありません。**

ただし理論だけでいえば、できたシミを薄くすることは不可能ではありません。でもそのためには、強力な効果と同時に刺激も伴う成分を、かなりの濃度で塗り続ける必要があります。現実的には難しく、安全性を重視した市販の美白化粧品では、せいぜい1年塗り続けて「少しはシミが薄くなったかも？」程度の効果です。

Check 2

美白成分の刺激で「炎症性のシミ」ができる

シミのもとである「メラニン色素」は、肌の「炎症」に反応して生成されます。炎症が起きる原因は、紫外線、ニキビ、ケガ、刺激の強い成分、摩擦などのあらゆる肌ダメージです。20代前半までのシミは、ほぼニキビなどの炎症でできたものです。つまり**シミを防ぐには、まず炎症を引き起こす行為を慎むべきです。**

ところが、シミに有効とされる成分は刺激も強く、肌が炎症を起こしがちで、皮肉にもシミを濃くする場合が多いのです。

かずのすけ格言　化粧品でシミが消えた人、まわりに何人いる？

シミの3分類＆それぞれの対処法

ザックリまとめると……

- ● 老人《ろうじん》性《せい》色《しき》素《そ》斑《はん》：長年の紫外線A波の蓄積により10年〜20年かけてあらわれるシミ。⬇根本治療はレーザー。
- ● 炎症《えんしょう》性《せい》色《しき》素《そ》沈着《ちんちゃく》：ニキビ、傷、日焼けなどの炎症でできたシミ。⬇自然に消えるのを待つ（メイクは可）。
- ● 肝斑《かんぱん》：主に女性ホルモンの乱れが原因。⬇トラネキサム酸の内服＆塗布が有効。正しく選べばレーザーもOK。

CHECK 1

老化性のシミと肝斑の原因は？

「紫外線」を浴びても、すぐにシミができるわけではありません。今まで浴びてきた紫外線A波（UVA）が蓄積し、10年以上経ってシミを作り出すのです。これが「老人性色素斑」です。

一方、「肝斑」のメカニズムはまだ明確ではありませんが、主に「女性ホルモン」の乱れが原因と考えられています。

シミの3分類と対処法

シミは以下の3つに分類され、タイプによって対処法も異なります。

老人性色素斑

UVA波の蓄積によって10年、20年かけてあらわれる。薄茶色で、輪郭は比較的はっきりとしている。

[対処法は?]

基本的に、消すためには「レーザー治療」に頼るしかない。肌が強い人は、「ビタミンC(L-アスコルビン酸Na)」を塗ると、シミが多少は薄くなる可能性もある。ただしビタミンCそのものにはかなりの刺激があり、肌に炎症が起きてかえってシミが濃くなることも。普段のケアとしては「プラセンタ」「ビタミンC誘導体」などで悪化を優しく防ぐのがおすすめ。

炎症性色素沈着

ニキビ、ケガ、日焼け、摩擦などの「炎症」によってできたシミ。

[対処法は?]

「ビタミンC」などの強い美白成分は炎症を起こし、かえってシミを濃くしやすいのでNG! ターンオーバーが正常なら、放っておいても3ヵ月くらいで消えるので、普段通りの優しいスキンケアを。消えるまでの間はコンシーラーなどで隠そう。

肝斑

主に「女性ホルモン」の乱れが原因。顔の左右対称に、ぼんやりとした形であらわれる。20代後半〜40代の女性によくできる。

[対処法は?]

「トラネキサム酸」の内服と、「m-トラネキサム酸」の塗布が有効といわれている。m-トラネキサム酸は、わりと作用の穏やかな成分なので継続しやすい。レーザー治療は種類によっては逆効果だが、きちんと選べば効果的。

CHECK 2

「炎症」が元凶のシミも多い!

20代前半までのシミは、ニキビ、ケガ、日焼けなどの「炎症」による「炎症性色素沈着」がほとんどです。若いうちはターンオーバーが早く、本来はメラニンが残りにくいのですが、炎症が深くメラニンが真皮に落ち込んだりすると黒いシミが残る場合も。

これは、30代以降の女子も他人事ではありません。つまり刺激による肌の炎症も、シミを作るのです。ビタミンC(アスコルビン酸)やハイドロキノンなどの美白成分は刺激が強く、シミを濃くするケースもあるので要注意です。

レーザー治療後のケアとステロイド

ザックリまとめると……

- シミを取るならレーザー治療が早道。刺激に弱い人は、炎症ジミになる場合も。医師と相談を。
- 治療後の肌は、メラニン（肌を守る物質）が破壊され無防備な状態。紫外線は徹底ガード！
- 処方された薬はしっかり活用を。「ステロイド」は長期使用は厳禁だが、1週間くらいなら問題ない。

CHECK 1

シミのメカニズムとレーザー治療の注意

紫外線などのダメージから肌を守るために生成されるのが「メラニン」です。メラニンが皮膚表面で酸化して黒くなると「シミ」になります。

レーザー治療後の肌はメラニンが破壊され、無防備な状態です。紫外線を浴びてしまうと普段以上に炎症が起きやすく、逆にシミを作ってしまうこともあります。

ステロイドの強さ

「ステロイド」は、長期使用すると、自分では副腎皮質ホルモンを分泌できなくなり、以下のようにどんどん強力なステロイドに頼らないといけなくなります。使い続けると副作用で炎症がより悪化しやすくなるので要注意です！

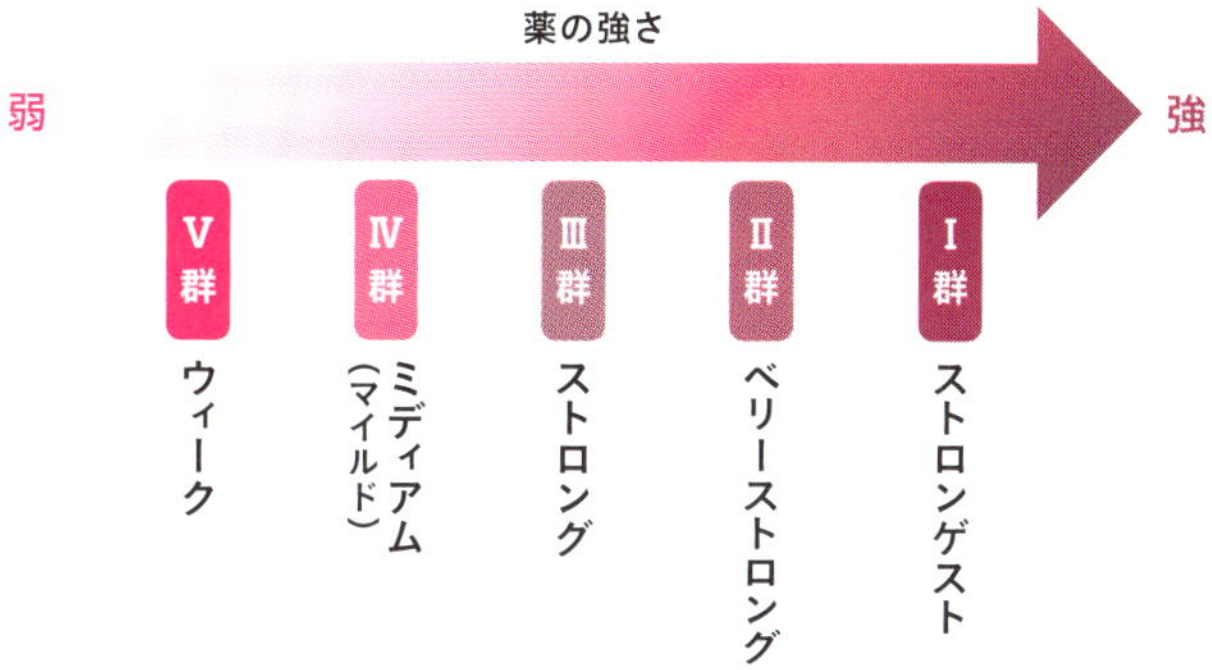

ステロイドの影響

医師の監督なく家庭で利用する場合は基本的にはもっとも効果の弱い「ウィーク」タイプを用いて、どれだけひどくても「ミディアム」までが限度です。
特にステロイドの皮膚への影響は塗る部位によっても大きく異なるため、素人知識で強力なステロイドを常用すると大変なことになります。基本的に強力なステロイドは皮膚が薄い部位（目の周囲や性器周辺）にはNGです！

CHECK 2

ステロイドとは？危険な薬なの？

腎臓のそばには「副腎」という器官があり、肌や免疫の健康を保つ「副腎皮質ホルモン」を分泌しています。そこで皮膚治療のために合成で作られたのが「合成副腎皮質ホルモン」、通称・ステロイドです。副腎皮質ホルモンはステロイドという化学構造をしているため、こう呼ばれています。

　ステロイドが怖いのは、長期使用すると自力で副腎皮質ホルモンを分泌できなくなり、ステロイドなしには健常な肌を保てなくなることです。ですがレーザー治療後などに1週間くらい塗る分には心配ありません。

日焼けしちゃったらアフターケアで巻き返せる！

特徴

- 常に「SPF50＋、PA＋＋＋＋」の最高値を使う
- 真夏でもUVは朝の1回しか塗らない
- めんどくさがり

DATA

1回塗ればOK！

潤い度：★★☆
刺激度：：★★☆
日焼け止めへの過信：★★★

ここが NG ケア

夏のレジャー後の日焼け度合いは、正しい炎症ケアをするか否かで大違い！

Check 1

紫外線を浴びた直後に美白化粧品を塗っても意味なし

夏のレジャーを楽しんだ後は、日焼けがイヤなら必ずアフターケアを。ケアをするかしないかでは、かなり差があります。

ただしビタミンCなどの「美白コスメ」は、**メラニンの生成や酸化を予防するのが基本効果です**（大きな効果があれば、その分刺激もある）。太陽光をたくさん浴びた後は、すでにメラニンが次々に生産されています。この段階になると、美白成分を塗ってもあまり意味はありません。

Check 2

メラニン生成の原因である「炎症」を鎮めることが肝心

メラニンは本来、肌を守る物質。メラニンの工場「メラノサイト」は、紫外線によって肌が「炎症」を起こすことで「肌を守るためにメラニンを作れ」と指令を出すのです。

ただしメラニンが作られたからといって、すぐに肌が黒くなるわけではありません。肌が黒くなるには、それなりの量のメラニンが必要です。つまり「**抗炎症成分**」**で肌の炎症を早めに鎮めれば、その分メラニンの生成量が減り**、日焼けを最小限に防げます。

かずのすけ格言　日焼けのアフターケアが美肌を左右する。

メラニンが溜まる前にするべき正しい「アフターケア」は？

ザックリまとめると……

- 肌の炎症が鎮まれば「メラニン」の生成も収まるので、早めに抗炎症成分を（医薬部外品が◎）。
- 抗炎症成分＝「グリチルリチン酸ジカリウム」「m-トラネキサム酸」「プラセンタエキス※」など。
- きちんと対処すれば、ほてりや日焼けを最小限に食い止めることができ、肌色の回復も早まる。

※プラセンタエキスは本来美白有効成分だが抗炎症作用も確認されている。

CHECK 1

炎症を鎮めればメラニン生成も収束

「メラニン」は肌を守ってくれる物質ですが、ある程度の量になると肌が黒くなってしまいます。

紫外線を長く浴びた肌は「炎症」を起こしており、これに反応してメラニンが生産されます。できるだけ早く炎症を鎮めれば、メラニン生成も早めに収まり、肌色の変化も最小限にできます。

おすすめの抗炎症成分

日焼けをした後のケアには次のような抗炎症成分がおすすめです。

成分名	効果
グリチルレチン酸ステアリル グリチルリチン酸 2K（ジカリウム）	もっともポピュラーな抗炎症成分。ステアリルはクリームなど油が多い製品に配合。2K（ジカリウム）は化粧水など水が多い製品に配合されている。
プラセンタエキス	美白有効成分の一種であり、微弱な抗炎症作用も確認されている。角質のターンオーバーを促進する働きによりメラニンを速く排出する効果も期待されている。
m-トラネキサム酸	肝斑に効くことで有名な成分だが、炎症を抑えるのにも効果的。
酢酸トコフェロール	抗炎症成分ではないが血行促進で代謝を速めてメラニンの排出を促す。
アラントイン	細胞修復を手助けし、創傷治療を促進する。抗炎症作用もある。

※抗炎症作用はとても優れた効果だが、ステロイドのように長期利用し続けると免疫が低下したり自前の肌バリアが弱まるリスクもある。ここにある成分は副作用の小さいものばかりであるが、あくまで「お助けアイテム」として短期利用を心がけて。

CHECK 2

プラセンタの体内摂取には注意！

注射や飲み薬に使われる「プラセンタ」は、化粧品用のプラセンタとは異なる成分です。女性ホルモンや黄体ホルモンの分泌を促すもので、副作用があるので、軽々しく手を出さないようにしましょう。長期使用すると自発的なホルモン分泌が抑制され、月経不順や不妊症などのリスクもあります。

かずのすけ語録

紫外線をたくさん浴びたら、早めに抗炎症成分でケア

ネットで外資系コスメを買うと肌に合わない場合も!?

化粧品はネットで並行輸入女子

特徴

- 「買い物上手」と言われたい
- いつも最安値で買う
- 最近の買い物は全て「ポチッ」てる

DATA

お安くゲット!

潤い度：☆☆☆
刺激度：★★★
安く
買いたい：★★★

ここが
NG
ケア

ネットにあふれる「並行輸入品」は、「国内正規品」と成分が若干違うので注意

Check 1

「並行輸入品」の意味を正しく理解していますか？

安いからと、ネットなどで「並行輸入品」の外資系コスメを買う女子もいますが、その実態とリスクを理解していますか？

外資系コスメの「国内正規品」は、そのブランドの日本支社や契約を結んだ日本の代理店（いわゆる正規ルート）が、本国のブランド本社から仕入れたもの。対して**「並行輸入品」**とは、**正規ルート以外の第三者が買い付けた商品**です。アジアなどで売っている日本のコスメを、日本に逆輸入する例もあります。

Check 2

同じ商品名でも、国内正規品と並行輸入品では「成分」が違う場合も

肌質は人種によってかなり差があります。**化粧品への配合が禁止されている成分**も、国によって異なります。そのため国内正規品の外資系コスメは、**日本人用に成分を若干変えているのが一般的**です。並行輸入品は、使用感こそ国内正規品と大差ありませんが、肌が敏感な日本人には合わない場合もあります。

トラブルがあっても並行輸入品ではメーカーも対応できません。中には古い商品や偽物を売っている悪徳業者もいるので注意！

かずのすけ格言　海外旅行でのコスメ爆買いも慎重に。

化粧品を「同じシリーズ」で揃えると害になることも!?

このブランドが他にないところは
肌の奥により浸透するように
成分をものすごく細かくしてるところ
だいたいの人間を下にみている
1度気に入るととことん使うタイプ
このブランドのBAより詳しいと思っている
美肌シリーズ 化粧水
美肌シリーズ 乳液
もちもち cream 美肌シリーズ
美 美肌シリーズ 美容液

デパコスライン使い女子

特徴

- 「ライン使いできる」＝「オトナ」＝「勘違い」
- メイクも同じブランドで揃える
- BAより詳しい商品知識

DATA

ライン使いで安心!

潤い度：★★☆
刺激度：★★☆
有効成分濃度オーバー：★★★

ここが NG ケア

〝ライン使い〟しても効果は変わらない！医薬部外品やアンチエイジング系はアダにも

Check 1

「ライン使い」で効果や相性がアップすることはない！

化粧水、乳液、美容液を「同じシリーズで揃えると効果的ですよ」という美容部員さんの声を鵜呑みにしてはいけません。**〝ライン使い〟しても相乗効果はほぼないですし、「他の商品とは相性が悪い」なんてこともまれなので、自由に選んでください。**

同じシリーズの化粧品は、美白系、保湿系など、共通の効果を柱にしている場合が多いのでライン使いに捉われて1つの効果しか得られないとしたら、もったいない話です。

Check 2

ライン使いによって有効成分が過剰になるリスクも

美白・ニキビ・殺菌効果を謳っている化粧品は、基本的に**「医薬部外品」**です。効果と引き換えに副作用もある「有効成分」が入っています。有効成分の濃度規定は、その商品1つを使ったときの効果で試験されているので、ライン使いで同じ効果のアイテムを重ねて使用すると本来安全に使用できるはずの有効成分の濃度を超え、副作用が大きく出てしまうケースもあります。**有効成分が重複する化粧品の組み合わせには注意しましょう！**

かずのすけ格言　ライン使いで得するのは化粧品会社だけ。

リップクリームは適当に選ぶと「副作用」がある

潤う！プルプル！キャッチコピーでリップ買っちゃう女子

特徴

- すぐキャッチコピーに踊らされる
- 唇中央にトントン置いて作るグラデがブーム
- ぬらぬらし過ぎて髪が唇に付く

DATA

すぐに踊らされる

潤い度：★★☆
刺激度：：★★★
キャッチコピー
買い：★★★

ここが NG ケア

リップクリームは「医薬部外品」率が高め。知らずに常用していると「副作用」で悪化も

Check 1

唇は肌よりもずっと乾燥しやすい。リップクリームは何度塗ってもOK

唇は、肌とは構造がだいぶ異なります。唇は「角層」がとても薄く、さらに「皮脂」が存在しません。つまり天然保湿因子や細胞間脂質(主成分:セラミド)が少ししかないうえに、それを覆う皮脂膜がないので、**水分がどんどん蒸発して乾燥しやすいのです。**リップクリームが不可欠なのは当然のこと。

リップクリームは、**塗って1〜2時間で乾燥を感じるのが普通です。**「乾いたな」と感じたら、我慢せずにこまめに塗りましょう。

Check 2

普段使いは医薬部外品ではなく「化粧品」のリップクリームを

基礎化粧品やシャンプーと違って、リップクリームは数グラムと容量が少なく原料コストを上げられるので、ドラッグストアにある市販品でも充分良いアイテムがあります。

ただし、リップクリームは全体的に「**医薬部外品**」がかなり多いので要注意。医薬部外品は、唇の荒れを収めるために一時的に使うには適していますが、常に使用し続けると副作用のリスクも。できれば**普段使いには「化粧品」のリップクリーム**を選択したいです。

かずのすけ格言　リップの〝塗り過ぎNG説〟は、副作用がやばい商品だけ。

必読！「医薬部外品」と「化粧品」の違いとは

ザックリまとめると……

- 化粧品＝「有効成分」がない、または入っていてもごく微量で著しい効果や副作用はないのが基本。
- 医薬部外品（薬用化粧品）＝有効成分を規定量配合しており、効果もあるが副作用のリスクも。
- 化粧品＝全成分を配合量順に表示するのが原則。医薬部外品＝旧表示指定成分だけ書けば法的には可。

CHECK 1

医薬部外品と化粧品の違い

人体への生理的作用があると国が認めた成分を「有効成分」と呼びます。「医薬部外品」は、規定量の有効成分が入っていると厚労省が認めた商品です。医薬品には及びませんが生理的な効果効能を持ち副作用的なリスクもあります。一方、「化粧品」は有効成分の保証はありません。

「医薬品」「医薬部外品」「化粧品」とは

化粧品や石鹸などは、薬機法により「医薬品」「医薬部外品」「化粧品」の3つに分類されています。それぞれの違いを知り、正しく選択しましょう。

	化粧品	医薬部外品	医薬品
分類			
使用	日常的に安全に使用できる	長期使用すると副作用を及ぼす場合もあり	作用に反した副作用を持つ
人体への作用	穏やか	各症状への予防的効果を及ぼす	各症状への予防または治療的な効果を及ぼす
全成分表示義務	あり	なし ※ほとんどのメーカーが「有効成分」と「その他の成分」を表示	添付文書にて「有効成分の濃度」と「その他の成分」が記載される
有効成分の配合	保証されない	規定量の有効成分が配合されている	医薬品有効成分が配合される

簡単に言えば　もっとも安全性を重視しているのが「化粧品」。
もっとも効果効能を重視していて副作用があるのが「医薬品」。
「医薬部外品」は化粧品と医薬品の中間的アイテムです。

CHECK 2

「医薬部外品」の優遇ルール！

医薬部外品は、〝効果・効能の標榜〟が可能です。美白を謳っているコスメは全て医薬部外品です。

また化粧品の「全成分」は「配合量の多い順」の表示が原則ですが、医薬部外品は旧表示指定成分（※P138参照）さえ書けばよく、記載順も自由です。

とはいえドラッグストアなどにある医薬部外品は、自主的に「有効成分」「その他の成分」に分けて全成分を書くのが定番。一方、高級ブランドの医薬部外品は、他社に設計を隠したいなどの事情で、記載順は順不同な傾向があります。

医薬部外品 or 化粧品 どっちを選ぶべき？

ザックリまとめると……

● コスメを選ぶときは、化粧品か医薬部外品かを必ず確認を。医薬部外品なら商品にその表示がある。

● 医薬部外品の有効成分には、副作用のかなり強い成分（左表参照）もあるので慎重に。

● 副作用の強い有効成分を使った医薬部外品は、日焼けや肌荒れなどの肌トラブルに一時的に使うのが吉。

CHECK 1

医薬部外品の賢い活用法

医薬部外品の有効成分には、「プラセンタエキス」「酢酸トコフェロール」などのほぼ安心な成分もありますが、副作用の強い成分もあります。

強力な有効成分を使った医薬部外品は、日常使用には△。季節の変わり目などで肌が荒れたとき、日焼けが心配なときなど、困ったときだけ活用するのが賢明です。

代表的な有効成分

医薬部外品の「有効成分」として、次のものがよく使われています。なお、有効成分には副作用もあるのが基本ですが、その度合いは成分によって差があるので、その点も参考にしてください。

機能	名称	効果の強さ
角質剥離	サリチル酸	とても強い
	イオウ	とても強い
	尿素	中
血行促進・代謝活性	酢酸トコフェロール	優しめ
	ビタミンA油	中
	パルミチン酸レチノール	中
	dLカンフル	強め
殺菌・抗フケ	イソプロピルメチルフェノール	強め
	塩化ベンザルコニウム	とても強い
	ユーカリ油	強め
	ハッカ油	強め
	ヒノキチオール	強め
	ピロクトンオラミン	とても強い
	ミコナゾール硝酸塩	とても強い
	ジンクピリチオン	とても強い
抗炎症	グリチルリチン酸ジカリウム	優しめ
	グリチルレチン酸ステアリル	優しめ
	アラントイン	強め
美白	プラセンタエキス	優しめ
	L-アスコルビン酸2グルコシド	優しめ
	リン酸L-アスコルビルマグネシウム	中
	L-アスコルビン酸	強め
	コウジ酸	中
	アルブチン	優しめ
	m-トラネキサム酸	優しめ
	ルシノール	中

CHECK 2

高級コスメの医薬部外品事情

〝高級ライン〟の化粧品は、設計が競合に知られると不利になりかねないので、隠したいのが本音です。

「医薬部外品」にすれば全成分を配合量順に書かずに済むので好都合。高級コスメに医薬部外品が多めなのは、こんな裏事情もあるのです。

なお、「医薬部外品だから高い」なんてことはありません。基礎化粧品の適正価格は約1000～5000円で、医薬部外品に改定したことで値上がりしたとしても、普通は数百円ほどです。

唇の構造とダメージ要因とは？

ザックリまとめると……

- 唇は角層が薄いうえに皮脂がないので、水分が飛んで乾きやすい。紫外線でも乾燥や荒れが起きる。
- 角層が薄い分「ターンオーバー」はかなり早いので、ダメージに弱いものの回復は早い。
- 唇を舐めると、付着した唾液が蒸発する際に周囲の水分も蒸発する。唾液の殺菌成分で唇が荒れることも。

CHECK 1

唇の最大の敵は紫外線！

唇は無条件に乾燥や荒れを招きがちですが、さらに悪化させる最大の敵が「紫外線」です。

唇は角層が薄く、紫外線を浴びると肌以上に「炎症」が重症になることもあります。また、肌と違って皮脂膜という〝フタ〟がない分、紫外線のエネルギーを浴びると、角層の水分が簡単に蒸発してしまいます。

唇の構造

唇とその他の皮膚では、
構造が全く異なります。

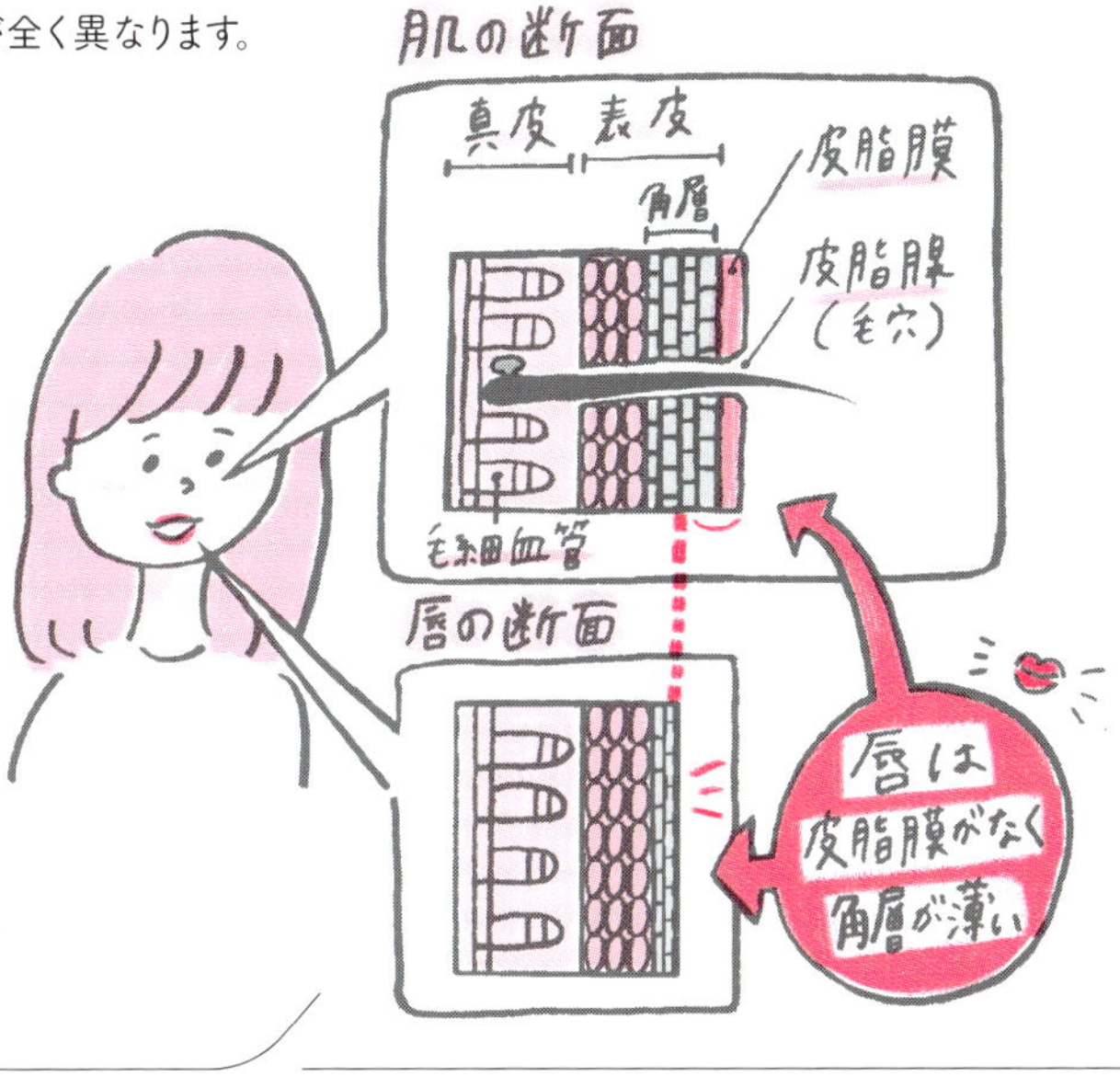

唇が赤いのは「血管」の色が見えているから

唇は普通の肌よりも「角層」が薄く、さらに「皮脂腺」がありません。そのため角層の「天然保湿因子」「細胞間脂質（主成分：セラミド）」が少なく、それをフタする「皮脂膜」に至っては存在すらしないので、水分がすぐに蒸発して乾燥しがち。唇が赤いのは、角層が薄いため、そのさらに奥にある「真皮層」の血液が透けて見えているからです。

CHECK 2

唇を舌で舐めちゃダメ！

唇が乾いたときに、とりあえず唇を舐めてやりすごすのは逆効果です！

唇を舐めると、唇に付着した「唾液」が蒸発するときに、まわりの水分も一緒に蒸発するので、余計乾燥してしまいます。また唾液に含まれる「殺菌成分」の刺激で、唇が荒れることもあるので必ずリップクリームを塗るようにしましょう。

かずのすけ語録

唇を舐めて乾燥をごまかせばさらに乾燥地獄に

「リップクリームの選び方」は顔用化粧品とはだいぶ違う！

ザックリまとめると……

- リップクリームの油分は「ミネラルオイル」などだけでも良いが、柔軟効果を求めるなら「油脂」もプラス。
- 「紫外線吸収剤」は必須。リップクリームの場合、吸収剤を入れても大した量ではないのでOK。
- 普段は「化粧品」のリップクリームを。「医薬部外品」は少し荒れたとき、「医薬品」は重症なときだけに。

CHECK 1

唇は肌と違って油分補給がマスト

唇以外の肌は、オイルを頻繁に塗ると「油が多いから皮脂分泌を控えよう」と肌が判断し、乾燥しがちになります。

一方、唇は皮脂がないので、油が皮脂代わりとなり、角層の潤いを守ってくれるのです。

リップクリームに必要な成分

リップクリームは、皮脂の代わりとなる「油分」を補い、さらに「紫外線」をガードできるものを選びましょう。

油分（鉱物油&油脂）… ワセリン、オリーブ油など

リップクリームの油分は、「油脂」や「炭化水素油（ミネラルオイル、ワセリンなど）」が主流。炭化水素油だけでも良いが、このタイプのオイルには唇を柔軟にする効果はないので、**柔軟効果を求めるなら油脂（オリーブ油など）入りのアイテム**を。油脂は酸化リスクもあるが、リップクリームの場合は、そんなに多く配合できないのでOK。ただし「油脂100%」だと酸化しやすいので、成分表の1番目ではないものを選ぶ。

紫外線吸収剤 … メトキシケイヒ酸エチルヘキシルなど

「紫外線」は唇にとって最大のダメージ要因であり、リップクリームの油脂を酸化させる原因でもある。これを防ぐために、リップクリームは**「紫外線吸収剤」配合のものがベター！**吸収剤の配合が多い日焼け止めは△だが、リップクリームは配合量が少ないので負担は軽い。それより紫外線ダメージのほうが深刻。

CHECK 2

医薬部外品や医薬品の常用は×

リップクリームの多くは医薬部外品で、「グリチルリチン酸2K」「酢酸トコフェロール」などの抗炎症成分や代謝促進剤を配合しています。乾燥や荒れの治癒効果がある半面、余計ガサガサになるなどの「副作用」もあります。刺激を与えて細胞を活性化する「dLカンフル」などの成分は、荒れる人もいます。

医薬品の場合は、傷の治療成分「アラントイン」なども入っており、皮膚過敏症の副作用もあります。長く使うと、なにを塗っても唇が荒れるようになる人もいます。

「肌に合わない」を見極める方法とは？

スキンケア変えてから肌荒れてるけど
これって好転反応だよね～我慢～っ！
肌断食もハマッた
スキンケアをコロコロ変える
なぜかニキビが治ってもすぐできることが今最大の悩み
趣味もコロコロ変わる
服のテイストもコロコロ変わる

これって好転反応だよね女子

特徴

- 白い小さなポツポツができた
- スキンケアをコロコロ変える
- 言うことも主義もコロコロ変える

DATA

ムダにプラス思考

潤い度：☆☆☆
刺激度：★★★
いつも不安定な肌：★★★

ここが
NG
ケア

化粧品チェンジによる肌荒れをなんでも「好転反応♪」で済ませるな

Check 1

コスメが原因の肌荒れは一過性の場合とそうじゃない場合がある

初めて使う基礎化粧品でニキビなどができると、「肌に合わないのかも？」と心配ですね。一方で、誰がいったか〝好転反応〟なんて言葉もあり「最初は状態が悪化するけれど、乗り越えると肌がどんどんキレイになっていく」という説も……。

化粧品で肌が荒れるのは、一時的なケースもありますが、肌に合っていないケースも当然あります。好転反応説を過信していると、取り返しのつかない状態にもなりかねません。

Check 2

以前のケアと洗浄力などに差があると肌荒れもありえるが……

肌質はスキンケアで大きく変わります。ただし化粧品を一新しても、**肌はすぐには変わらず〝徐々に〟変化します。**例えば洗浄力が強い洗顔料は、皮脂が奪われる分、皮脂分泌が活発です。優しい洗顔料に変えても、当分は皮脂が多いままなので、皮脂が残ってニキビができがち。このように以前のケアとの差で、最初は肌が乱れることもあるのです。

しかし**化粧品を変えてすぐに、かゆみや刺激を感じたら、成分が合わない可能性大！**

かずのすけ格言　「かゆい」と思ったら即アウト。すぐに使用をやめよう。

化粧品の「合う・合わない」を見極める方法

ザックリまとめると……

● 使って〝すぐ〟に赤みを伴う「かゆみ」「痛み」があった。⬇成分が肌に合っていないので使用中止！

● 軽いニキビができた。⬇かゆみや痛みがなければ、一時的なものである可能性が高いので、少し様子見を。

● ニキビが大量or痛みや膿がある。⬇成分が合わないか、以前のケアと差が激し過ぎる。ケアの見直しを。

CHECK 1

即使用中止すべきケース

化粧品を変えてすぐに、赤みを伴うかゆみや痛みを感じたら、肌に合わない成分が入っている証拠です。皮膚の薄い目元・口元・頬周辺は、特に反応しやすいでしょう。1〜2回の使用でこのような反応ならば「アレルギー性接触皮膚炎」の疑いも。敏感肌なら、単純に刺激の強い成分で

化粧品トラブルの判断基準

あくまでも目安ですが、化粧品を変えて肌が荒れた場合、次のような原因が考えられます。

● 化粧品を使ってすぐに、赤みを伴う「かゆみ」「痛み」を感じた！

➡アレルギー成分 or あなたには刺激の強い成分が入っている。使用中止！

● ニキビが大量発生！または膿や痛みがある！

➡アレルギーや刺激系の成分のせい、または以前の化粧品と機能面の差が激し過ぎる。スキンケア計画の見直しを！

● 軽いニキビやコメドができた！

➡化粧品チェンジによって、皮膚環境が変わったせいかも。もう少し様子見を。

「接触性皮膚炎」を発症することもあります。

CHECK 2

ニキビの原因はケースバイケース

化粧品を変えてちょっとしたニキビやコメドができるのは、「皮膚環境」が変化するので、皮脂や皮膚常在菌の増減による一過性の場合もあります。少し様子を見てもよいでしょう。

でもニキビが大量発生していたり、膿や痛みがあったら要注意。アレルギーや成分刺激、または洗浄力や保湿力などの変化が激し過ぎる疑いが考えられます。使用をやめ、商品選びや使用頻度を工夫しましょう。

化粧品チェンジでの肌荒れ予防&対処法まとめ

ザックリまとめると……

- 基礎化粧品を数種類一気替えすると肌荒れしやすくなるので一品ずつ慣らしながら変更すべし！
- 一品ずつゆっくり変更すれば合わない化粧品がわかるので、刺激等を感じたものは即中断！
- 一気替えで大きく肌荒れしたときは以前のスキンケアに一時的に戻して回復を待つ。

CHECK 1

化粧品は「一気替え」するべからず！

基礎化粧品を一気に替えると、肌環境が大きく変化し、突発的に大きな肌荒れが起こるリスクが増えます。必ず一品ずつ一週間ほど空けて徐々に肌に慣らしましょう。

また、一気替えすると肌荒れの犯人がわかりませんが、一品ずつの場合は犯人特定が簡単です。

肌荒れしにくい化粧品チェンジの方法

肌荒れせずに、化粧品を変更するコツを紹介します。

［肌荒れしやすい化粧品チェンジ］

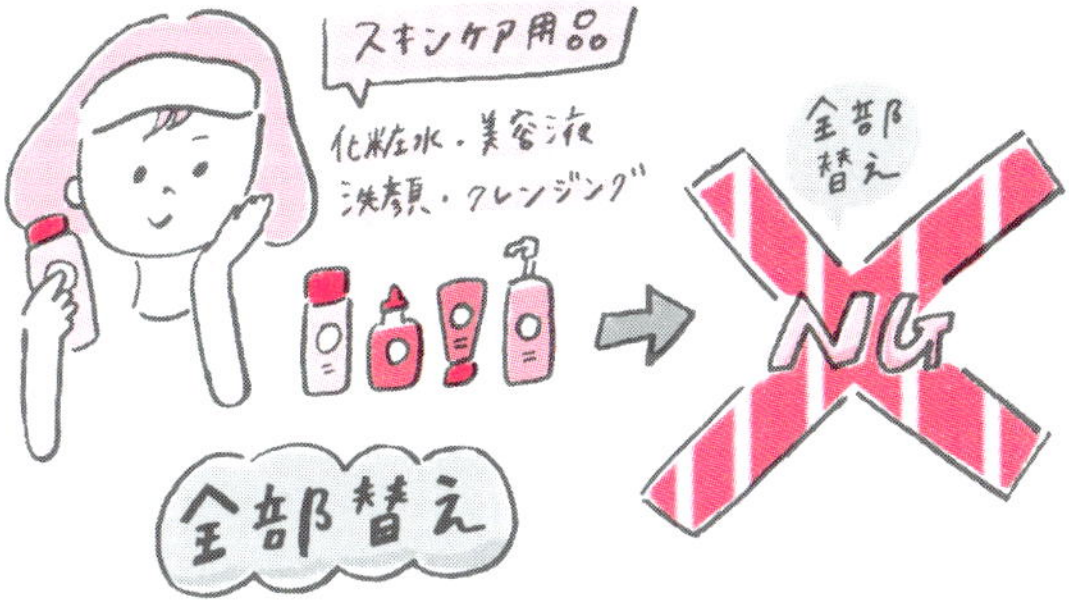

［肌荒れしにくい化粧品チェンジ］

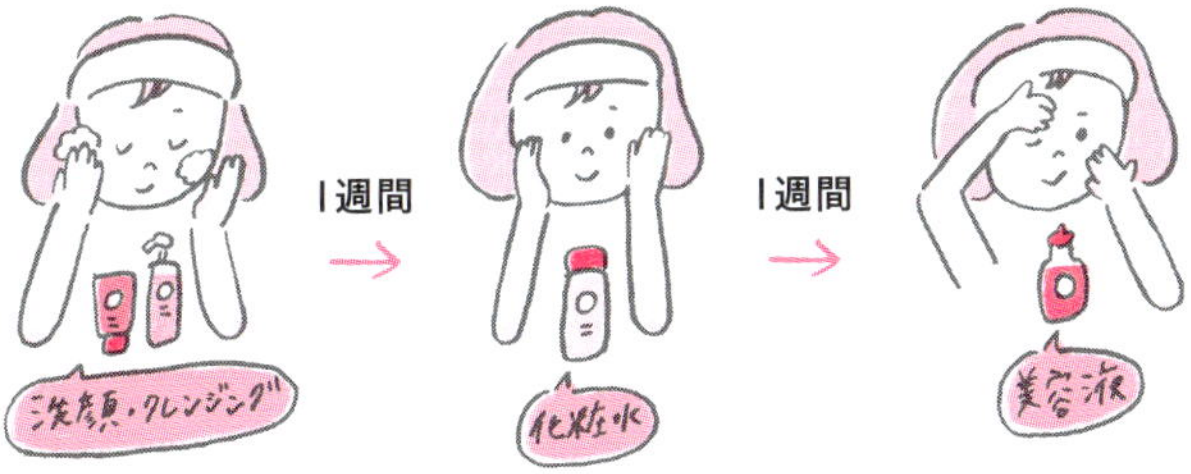

＊1週間ほどずらして、肌に慣らしながら
1品ずつ 変更していくと肌荒れしにくくなります。

CHECK 2

一気替えで肌荒れしたときは……

肌荒れが起こった場合は、一時的にこれまでのスキンケアに戻し、状態が改善するか様子を見ましょう。

これで改善した場合は、一気替えでの環境変化か合わない化粧品があるかのどちらかなので、回復したのち徐々に変更&一品ずつ様子を見れば安全に化粧品チェンジができます。

かずのすけ語録

スキンケアはゆっくり慣らす

スキンケア系の要注意成分まとめ

ザックリまとめると……

● 語尾に「〜硫酸Na」「〜スルホン酸Na」と付く成分＝洗浄系の界面活性剤。

● 「エタノール」「ペンチレングリコール」「DPG」など＝敏感肌への刺激が強めの保湿成分。

● 「殺菌」「強力に角質を取る」はNGワード！「酵素」は角質だけでなく肌も分解するので注意！

CHECK 1

成分表示の前半に商品の本質が

「成分表示なんて分析できないよ」とあきらめることはありません。

医薬部外品の場合は例外もありますが、コスメの成分表示はたいてい配合量の多い順に書かれています。化粧品の真価は、成分表示の1〜2行目までに書かれている成分を

要注意なスキンケア系成分

スキンケア製品(*)に高濃度で配合される場合注意したい成分を紹介します（各成分の詳細はP139 ～ P142）。

刺激の強めな保湿成分（化粧品の主成分に用いられる保湿基剤）

「エタノール」「ペンチレングリコール」「DPG」「ヘキシレングリコール」など（※敏感肌にもおすすめの保湿基剤は「BG」&「グリセリン」）

収れん剤（毛穴を引き締める収れん化粧水等に配合）

「ハマメリスエキス」「ハマメリス水」「タンニン」など

殺菌剤（主にニキビ系の有効成分としての配合）

「サリチル酸」「硫黄（イオウ）」「塩化ベンザルコニウム」など

※サリチル酸・イオウにはピーリング効果もあり

陰イオン界面活性剤（洗浄系の界面活性剤）

「ラウリル硫酸Na」「ラウリルベンゼンスルホン酸Na」など

ピーリング＆角質除去系成分

「グリコール酸」「パパイン」「プロテアーゼ」「尿素」など

陽イオン界面活性剤（柔軟剤の主成分）

「ステアルトリモニウムクロリド」「セトリモニウムブロミド」など

＊スキンケア製品…化粧水や乳液やクリームなどの洗い流さない（リーブオン）タイプの化粧品のこと。

見れば、だいたい見極めることができます。

CHECK 2

成分表示のチェックポイント

まずは成分表示の１行目くらいまでに、上記の「刺激の強めな保湿成分」がないかチェックしましょう。これらは成分の後ろのほうに微量なら許容範囲です。その他の上記成分は入っていないのがベスト。

続いて香料や染料（P62参照）をチェック。「香料」という記載だと、どんな成分が何種類入っているのか不明なので、避けるのが無難。

KAZUNOSUKE COLUMN 2

旧表示指定成分は避けるべき？

「旧表示指定成分無添加」と書かれた化粧品を見たことはありませんか？　旧表示指定成分とは、人によってはアレルギーや刺激のおそれがあるとして、1980年に化粧品への表示が義務付けられた103種類の成分です。

しかしこの法律は2001年に改定され、現在の「全成分表示」が義務付けられました。それまでは103種類以外の成分は内緒にできたんですから、恐ろしい話ですね。

この103種類の選定基準は、非常に曖昧なもの。アレルギーだけでなく刺激性も考慮しているわりには、この103種類以外にも刺激のある成分はたくさんあるわけで……。逆に、配合量によってはそんなに危険じゃない成分や、現在の医薬部外品の「有効成分」もたくさん含まれています（有効成分には副作用もあるからです）。消費者の混乱を招くだけだったので、現在の全成分表示に切り替わったのです。

今でも「旧表示指定成分無添加」にこだわるメーカーは多くありますが、全く意味がありません。ただ、消費者ウケが良くなるだけ。化粧品原料として、ある程度の安全性が担保された化学物質を、単純に○か×かで判断するのは愚かなことです。このような一面的なものの見方ではなく、成分表示や配合量もしっかり見て化粧品を選びましょう。

かずのすけ的おすすめ美容成分リスト

	成分名	概要
スキンケア成分	ヘマトコッカスプルビアリス油	海藻由来のアスタキサンチン含有エキス。強力な抗酸化成分で鮮やかな赤色の色素。
	アドニスパレスチナ花エキス	植物由来のアスタキサンチン含有エキス。強力な抗酸化成分。
	プラセンタエキス	動物の胎盤から得られるエキスで美白作用や抗炎症作用などの効能を持つ。美白有効成分にも登録されている。
	ヒト型セラミド（セラミド○○）	人の肌に存在するものと全く同じ構造のセラミドでもっとも高い肌バリア増強効果を持つ。詳細は下の別表参照。
	グリチルリチン酸 2K	もっとも利用されている抗炎症成分。
	マカダミアナッツ油	人肌の油分ともっとも近いと言われる植物油脂。肌の柔軟作用がある。
	テトラヘキシルデカン酸アスコルビル	油溶性ビタミン C 誘導体。効果は穏やかながら皮膚刺激が小さく敏感肌向けの抗酸化成分である。
	リン酸 -L- アスコルビル Mg	リン酸エステル型ビタミン C 誘導体。美白有効成分に登録されているビタミン C 誘導体の中でもっとも安全性と効果のバランスが良いとされる。
ヘアケア成分	ヘマチン	酸素授受を助けるタンパク質で酸化還元反応を沈静化する作用がある。残留薬剤を素早く失活させてくれる。
	ケラチン	毛髪と全く同じタンパク質。酸化によって固まる性質から毛髪のダメージ部位に吸着して固まりダメージを補修する。加水分解したタイプのほうが髪内部に浸透する。
	加水分解ケラチン	
	γ -ドコサラクトン	ラクトン誘導体。加熱により毛髪と結合する性質があるので加熱耐性のアップと毛髪保護作用を担う特殊な成分。
	メドウフォーム - σ - ラクトン	
	マカダミアナッツ油	毛髪の油分ともっとも近いといわれる植物油脂。毛髪の柔軟作用がある。
	マカダミアナッツ油脂肪酸フィトステリル	マカダミアナッツ油から生成するエモリエント成分。毛髪の柔軟作用がある。
	クオタニウム -33	毛髪の必須脂質「18-MEA」を主骨格にした毛髪親和型カチオン界面活性剤。

●セラミド成分一覧

ヒト型セラミド	セラミド 1	セラミド 2	ヒト型セラミド。人の皮膚上に存在するバリア機能物質で、外部の乾燥や刺激から皮膚を守る働きをしている。アトピー肌、敏感肌、加齢肌にはセラミドが不足しているというデータがあり、外部補給することで肌のバリア機能を補うことが可能。
	セラミド 3	セラミド 5	
	セラミド 6II	セラミド AP	
	セラミド EOP	セラミド NS	
	セラミド AS	セラミド NP	
	セラミド AG	セラミド NG	
疑似セラミド	ヘキサデシロキシPGヒドロキシエチルヘキサデカナミド		擬似セラミドの一種。人間の肌の角質層にあるセラミドと似た働きをする成分。外部から補うことで肌のバリア機能を高めることができる。
	セチルPGヒドロキシエチルパルミタミド		
	ラウロイルグルタミン酸ジ（フィトステリル／オクチルドデシル）		擬似セラミドの一種。長年、幅広いメーカーの商品に使用されており、安全性と実用性に定評がある。
植物セラミド	コメヌカスフィンゴ糖脂質		コメから得られる糖セラミド（グルコシルセラミド）を含むセラミド類似体。糖セラミドはセラミドの前駆体であり、セラミドに似た働きをする。
動物セラミド	ウマスフィンゴ脂質		馬油から少量得られる糖セラミド（ガラクトシルセラミド）を含むセラミド類似体。糖セラミドはセラミドの前駆体でありセラミドに似た働きをする。
	セレブロシド（原料名：ビオセラミド）		

おさえておきたい化粧品成分100選

★かずのすけおすすめ度（1～4） 1：おすすめ　2：まぁまぁ　3：微妙　4：できれば避けたい

種類	用途	成分名	成分の説明	★
水溶性成分	水性基剤・保湿成分	エタノール	さっぱり系の保湿成分として使用されるが皮膚への刺激がある他にも、過敏症や蒸発（揮発）によって肌を乾燥させるという欠点がある。	3
		PG（プロピレングリコール）	古くから保湿成分として多用されてきたが脂溶性が高く肌への浸透による刺激が懸念されたため昨今では配合が控えられている。	3
		DPG（ジプロピレングリコール）	安価な商品に多用される保湿成分だが、目や肌への刺激の懸念が指摘されている（特に目への刺激が強いという報告が多い）。防腐性がある。	3
		エチルヘキシルグリセリン	防腐性を持つ保湿成分で、無防腐剤の化粧品に高濃度で配合されることが多い。配合量が多い場合は皮膚への刺激も懸念される。	3
		カプリリルグリコール		
		1,2-ヘキサンジオール		
		ペンチレングリコール		
		プロパンジオール	保湿成分の一種。刺激性に関する情報が少なく不安要素が多い。	3
		グリセリン	保湿性が強いので化粧品の主成分によく使われる。皮膚への刺激やアレルギー性が弱く、使用感は比較的「しっとり」。	1
		ジグリセリン	グリセリンとよく似た性質の保湿成分。低刺激の化粧品に配合される。	1
		BG（1,3-ブチレングリコール）	グリセリンと同じく低刺激の保湿成分で、敏感肌用化粧品の主成分に多用される。使用感は「さっぱり」。	1
	機能性水性成分	ヒアルロン酸Na	ムコ多糖類（動物性保湿成分）の一種。水と混ざるとジェル化して水分を蓄える性質がある。代表的な皮膚表面の保湿成分。	1
		アセチルヒアルロン酸Na		
		加水分解ヒアルロン酸		
		コラーゲン	繊維状タンパク質の一種で肌の中では皮膚の土台を作っている。化粧品に配合された場合は皮膚表面で水分を蓄える保湿剤となる。	1
		加水分解コラーゲン		
		サクシニルアテロコラーゲン		
		加水分解エラスチン		
		ベタイン	アミノ酸の一種で水分と馴染みやすく保湿成分として使われる。	2
		グルタミン酸Na		
		アミノ酸類	アスパラギン酸・アラニン・アルギニン・グリシン・セリン・ロイシン・ヒドロキシプロリン、など。ベタインやグルタミン酸と同様アミノ酸の性質から水分と馴染みやすく保湿成分として多用される。	2
		トレハロース	糖類の一種で水分と馴染みやすく保湿成分として多用される。基本的に低刺激で肌への安全性は高い。	1
		グルコシトレハロース		
		スクロース		
		ソルビトール		
		加水分解水添デンプン		
		ハチミツ		
		メチルグルセス類		
		ポリクオタニウム-51	「リピジュア」と呼ばれる成分で、高い保湿作用を持つ。	1
		カルボマー	合成ゲル化剤の一種で水分を蓄えてジェル化させる性質を持つ。安全性の高い増粘剤として使用される。	2
		キサンタンガム	食品にも使われる増粘剤で、デンプンを微生物の力で発酵させたもの。カルボマーと比較して肌当たりの優しいジェル化剤だが意図せぬ不純物の懸念も。	2
油性成分	油性基剤	ミネラルオイル	炭化水素油の一種で石油由来のオイル。低刺激で安価な原料だが、クレンジングの主成分にすると脱脂能力が強過ぎることが難点。	3
		スクワラン	炭化水素油を主成分とした植物性のオイル。低刺激な保護油として化粧品に広く使用されている。ピュアオイルをスキンケアに使うこともできる。	2

種類	用途	成分名	成分の説明	★
油性成分	油性基剤	ワセリン	ミネラルオイルと同じく石油由来の炭化水素油。半固形状の脂で水分蒸発を防ぎ、低刺激なので、乾燥肌の皮膚の保護によく使われる。	2
		マイクロクリスタリンワックス	合成ワックスだが主成分は炭化水素油。さまざまなメイクアップ化粧品やヘアワックス等の主成分となっている。	2
		水添ポリイソブテン	撥水性の高いオイルでウォータープルーフ系メイク製品に多用される他、ウォータープルーフ用メイクアップリムーバーの主成分として利用される。	3
		ジメチコン	鎖状シリコーンの一種で皮膜能力の高いシリコーンオイル。重めのトリートメントの基剤やメイクアップ製品に利用される。やや残留しやすい点に注意。	3
		アモジメチコン		
		ビスアミノプロピルジメチコン		
		シクロペンタシロキサン	環状シリコーンの一種で比較的皮膜力が低いシリコーンオイル。揮発性が高くサラッとした使用感になる。残留性は低め。	2
		シクロメチコン		
		トリエチルヘキサノイン	合成エステルオイル。人工的に作られたオイル成分で安全性・安定性が高く、さまざまな化粧品基剤に用いられている。クレンジング基剤になると脱脂力は高め。	2
		エチルヘキサン酸セチル		
		ミリスチン酸オクチルドデシル		
		イソノナン酸イソノニル		
		ラノリン	動物性のエステルオイル。純度によってアレルギー性が懸念されるため最近はあまり使用されなくなった。	4
		セタノール	高級アルコール系のオイルで、ベタつきの少ない皮膜形成剤として使用される。微弱な皮膚刺激が懸念される。	3
		ステアリルアルコール		
		ステアリン酸	高級脂肪酸の一種で、軽い質感の油分だが高濃度だと皮膚への浸透性が高く刺激性が懸念される。石鹸の原材料として利用され単品では使用されない。	3
		パルミチン酸		
		ミリスチン酸		
	機能性油性成分	オリーブオイル	油脂の一種で主成分の脂肪酸の組成によってさまざまな性質になる。ここにあるオレイン酸を多く含む油脂の場合肌馴染みが良く、柔軟作用がある。不純物として含まれるビタミン類の組成によって抗酸化力に優れた油脂となる。多価不飽和脂肪酸のリノール酸やリノレン酸を多く含む油脂は酸化しやすいため注意。	1
		馬油		
		アルガニアスピノサ核油		
		コメヌカ油		
		マカダミアナッツ油		
		ココナッツ油	多くの化粧品成分の主原料となっている油脂（ココヤシ油）。安定性が高く使い勝手は良いが飽和脂肪酸を基本とするため、肌への柔軟作用などは弱い。	2
		ホホバ油	主成分はロウ類だが油脂のように脂肪酸も含む植物性のオイル。皮膚の天然保湿成分とよく似た組成のため、高精製されたホホバ油は肌の保湿剤としてよく使用される。ゴールドホホバ油は精製度が低く刺激の懸念もあるが肌馴染みがいい。	1
		セラミド1／セラミドEOP	ヒト型セラミド。人の皮膚上に存在するバリア機能物質で、外部の乾燥や刺激から皮膚を守る働きをしている。アトピー肌、敏感肌、加齢肌にはセラミドが不足しているというデータがあり、外部補給することで肌のバリア機能を補うことが可能。	1
		セラミド2／セラミドNS		
		セラミド3／セラミドNP		
		セラミド5／セラミドAS		
		セラミド6II／セラミドAP		
		セラミドNG／セラミドAG		
		ヘキサデシロキシPGヒドロキシエチルヘキサデカナミド	擬似セラミドの一種。人間の肌の角質層にあるセラミドと似た働きをする成分。外部から補うことで肌のバリア機能を高めることができる。	2
		ラウロイルグルタミン酸ジ（フィトステリル／オクチルドデシル）	擬似セラミドの一種。長年、幅広いメーカーの商品に使用されており、安全性と実用性に定評がある。	

種類	用途	成分名	成分の説明	★
油性成分	機能性油性成分	コメヌカスフィンゴ糖脂質	コメから得られる糖セラミド（グルコシルセラミド）を含むセラミド類似体。糖セラミドはセラミドの前駆体でありセラミドに似た働きをする。	1
		ウマスフィンゴ脂質	馬油から少量得られる糖セラミド（ガラクトシルセラミド）を含むセラミド類似体。糖セラミドはセラミドの前駆体でありセラミドに似た働きをする。	1
		マカダミアナッツ脂肪酸フィトステリル	人間の皮脂に組成の近い油分の誘導体。肌や髪に浸透しやすく柔軟性を与えることができる。	1
界面活性剤	洗浄剤	石鹸素地	代表的な石鹸。成分表に「〜酸＋グリセリン＋水酸化 Na（水酸化K)」と表記されている場合もある。 洗浄力が高く使用感の良い洗剤。分解しやすく残留しにくいが、アルカリ性なので洗浄中に刺激になることも。オレイン酸系のほうが比較的低刺激。	3
		ラウリン酸 Na		
		オレイン酸 Na		2
		カリ石鹸素地		
		オレイン酸 K		
		ラウリル硫酸 Na	敏感肌への刺激が強く皮膚残留性も高い点が問題視される合成洗剤。化粧品に使用される界面活性剤でもっとも避けたい成分。	4
		ラウレス硫酸 Na	ラウリル硫酸 Na を改良して作られた洗剤で、刺激性と残留性はかなり抑えられているがそれでも敏感肌には向かない成分。	3
		オレフィン（C14-C16）スルホン酸 Na	ラウレス硫酸 Na の代わりに最近多用される洗浄成分だが、高い脱脂力と敏感肌への刺激性はさほど変わらない。	4
		ラウレス-5-カルボン酸Na	通称「酸性石鹸」。石鹸と似た構造を持ち環境に優しく、弱酸性でも十分な洗浄力を発揮するうえ低刺激性の洗浄成分。	1
		ココイルメチルタウリン Na	タウリン系洗浄成分の一種で比較的低刺激で高めの洗浄力を有する。	2
		ラウロイルメチルアラニンNa	弱酸性のアミノ酸系界面活性剤。低刺激という点では特に優秀で、洗い上がりは比較的しっとりする。	1
		ココイルグルタミン酸TEA	アミノ酸系界面活性剤の一種で、洗浄力は穏やかで低刺激性。敏感肌向けの洗浄成分。	1
		コカミドプロピルベタイン	両性イオン界面活性剤の一種で、特に低刺激の洗浄成分。ベビーソープや低刺激シャンプーに配合される。陰イオン界面活性剤の刺激を緩和する効果がある。	2
		ココアンホ酢酸 Na	極低刺激性の両性イオン界面活性剤の一種で、敏感肌・アトピー肌でも使いやすい。	1
		ラウリルグルコシド	非イオン界面活性剤の一種で成分自体は低刺激だが、脱脂作用が強いためシャンプーの洗浄力が上がる。食器用洗剤の助剤にも使われる。	3
		トリイソステアリン酸PEG-20 グリセリル	非イオン界面活性剤の一種でクレンジングの乳化剤として用いられる。シャンプーに配合するとクレンジング作用を付与できる。	2
		ジステアリン酸PEG-150		
	柔軟剤	ベヘントリモニウムクロリド	陽イオン界面活性剤の一種でトリートメントやコンディショナーの主成分。吸着した部分になめらかな質感を与えるが、残留性が高く敏感肌には刺激がある。（スキンケアでは★4）	3
		ステアリルトリモニウムクロリド		
		セトリモニウムクロリド		
		ステアラミドプロピルジメチルアミン	陽イオン界面活性剤の一種だが比較的低刺激の成分。	2
		ベヘナミドプロピルジメチルアミン		
		ポリクオタニウム -10	カチオン化ポリマーの一種で、リンスインシャンプーのリンス成分である。毛髪に吸着してしっとり感を演出する。配合量が多いと質感がゴワついてしまう。	2
		ジメチコンコポリオール	シリコーンに親水性の構造を取り付けたシリコーン系被膜剤で、低刺激性でヘアケア製品などに配合してサラサラ感やしっとり感を演出することが可能。	2
		ジメチコノール		
	乳化剤	水添レシチン	非イオン系界面活性剤の一種で、生体適合性界面活性剤。低刺激の化粧品の乳化や、リポソーム用の界面活性剤として利用されている。	1
		ポリソルベート類	非イオン系の乳化剤。巨大な分子量の物が多く皮膚への刺激も極微弱である。主にクリームや美容液などの塗り置きの化粧品に配合されている。合成して作られる物が基本だが配合量も少なく皮膚への負担はほぼない。	2
		テトラオレイン酸ソルベス -30		
		イソステアリン酸ソルビタン類		
		ステアリン酸グリセリル		
		PEG- 水添ヒマシ油類		

第3章

オトナ女子のための
ボディ＆ヘアケア

オトナ女子たるもの、
ボディ＆ヘアにも気を抜かない！
正しい知識と正しいケアで
賢くキレイになりましょう。

残念ボディ&ヘアケア女子図鑑

01

足裏やデリケートゾーンは必死に洗うほど臭くなる

デリケートゾーン洗い過ぎ女子

特徴

- いつもにおっている気がしてしまう
- デリケートゾーン用のソープが気になっている
- でも、お高いので二の足を踏んでいる……

DATA

私って臭い!?

潤い度：★★☆
刺激度：★★★
VIO脱毛したい度：★★★

ここが NG ケア

石鹸や安価のボディソープでゴシゴシ洗うと、においの元凶「雑菌」が増える！

Check 1

石鹸や大半のボディソープは洗浄力が強いうえにアルカリ性

足裏やデリケートゾーンを熱心に洗う女子に忠告！　**洗浄力が強いと臭くなります！**

皮膚常在菌のうち、肌に良い働きをする善玉菌は「弱酸性」の環境を好み、悪玉菌や外部の雑菌は「アルカリ性」の環境で活性します。石鹸は洗浄力が強いうえに、アルカリ性です。そして市販のボディソープも、大半が石鹸ベース。つまり皮脂が減りやすいうえに、一時的に皮膚をアルカリ性にするので、**良い菌が減って雑菌が繁殖しやすい**のです。

Check 2

皮脂減少&皮膚のアルカリ化で良い菌が減り、雑菌が増殖する

皮膚が弱酸性を保てるのは皮膚常在菌が「皮脂」を食べて脂肪酸を作るからです。ところが足裏には「皮脂腺」がないうえに、皮脂が極端に少なく、アルカリ性に傾くと弱酸性に戻りにくいので、良い菌が減り、においの原因となる雑菌が増えてしまいます。デリケートゾーンは皮脂が多く、足裏よりは臭くなりにくいですが、**洗い過ぎは皮脂減少のもと。**P１47のように「カルボン酸系」や「アミノ酸系」の弱酸性ボディソープで洗いましょう。

かずのすけ格言　ボディソープを数百円で買おうとするのが間違い。

こういう商品には要注意！デリケートゾーン用アイテムの選び方

ザックリまとめると……

- デリケートゾーン用には「石鹸」は避けて「アミノ酸系」など優しい洗浄成分を。
- 「抗菌剤」や「殺菌剤」配合のものは、皮膚炎やよりきついにおいの原因に。
- デリケートゾーン用黒ずみケアアイテムに、「美白効果」はない。

CHECK 1

デリケートゾーンに「石鹸」は強過ぎる

粘膜が近く敏感なデリケートゾーンを洗うのには石鹸は刺激的。

またアルカリ性なので雑菌にとって好適環境を作るのも問題点。デリケートゾーンの洗浄はアミノ酸系の低刺激ソープや、両性イオン系のベビーソープなどが◎。また「殺菌剤」や「抗菌剤」も刺激が強くさらに常在菌

注意したいデリケートゾーン用アイテムとその成分

デリケートゾーン用のアイテムに使われている成分には次のようなものがあります。

石鹸系ソープ …洗浄力&刺激強め！ アルカリ性による負担も。

成分例：石鹸素地／ミリスチン酸Na ／ステアリン酸、ラウリン酸、水酸化K など
（詳しい石鹸成分の読み方は前著P.47参照！）

デリケートゾーン周辺のお肌はとても敏感なので洗浄は敏感肌用のアミノ酸系・カルボン酸系の弱酸性ソープや、両性イオン系のベビーソープなどを用いるのがおすすめです！

殺菌剤&抗菌剤

…肌を守る皮膚常在菌も殺して雑菌が繁殖しやすい環境に。

成分例：
塩化ベンザルコニウム／
イソプロピルメチルフェノール／
サリチル酸塩／カキタンニン など

黒ずみケア商品

…デリケートゾーンアイテムに美白効果はなし！

デリケートな部位には配合できる成分の規制があるので、刺激の強い美白成分は基本的に配合不可。「黒ずみケア」とあっても単に洗浄効果で流すだけのものばかりです。

※まれに「ハイドロキノン」などの強力な漂白剤配合のボディ用・顔用化粧品を使う人がいるようだが、粘膜にはとても危険な成分なので絶対に使用禁止！

の環境を乱すため、より異臭の原因に。

CHECK 2

デリケートゾーン用化粧品に美白効果はない

肌のバリア機能が非常に弱い「粘膜」が近いので、配合できる成分には限りがあります。特に「美白成分」は刺激の強い成分が多いため基本的に配合NG。「黒ずみケア」と書いてあっても美白効果があるわけではないので過信は禁物です。

また、普通のボディや顔用美白化粧品をデリケートゾーンに使うのはとても危険なので絶対にやめましょう。

制汗剤のヘビロテでますます汗クサ女子に⁉

夏とか冬とか関係なく汗かくから
本当に嫌だ〜・・・あがり症だからかな
朝スプレーし忘れると
1日中不安
シュッ
シュ
シュ
自分の
ワキが
臭う気がして
ならない
風上に
立つのが
嫌
スッキリ
汗
カバンの中には
携帯用ミニサイズ
制汗剤が
入っている

1年中ワキからフローラル制汗剤女子

特徴

- ロールオンがお気に入り
- トイレに行くたびに制汗剤を付ける
- ワキ汗が目立つ色は着ない（グレーなど）

DATA

汗ジミ大量

潤い度：★★☆
刺激度：★☆☆
ワキパッドが気になる度：★★★

ここが
NG
ケア

制汗剤を毎日のように常用するとにおい&汗がもっとしつこくなるかも……

Check 1

「殺菌剤」で良い皮膚常在菌が減り、外部の雑菌が寄ってくる！

「制汗剤」の使用は汗の季節に必要最低限ならOK。ただし汗をブロックするために毎日のように使うと泣きを見ることになります。

汗がにおう原因はさまざまな菌類が汗を分解し、イヤなにおいがする物質を作るからです。そのため、一般的な制汗剤は「殺菌剤」を配合しています。しかし**殺菌剤は、良い菌も雑菌も区別なしに殺してしまいます。**良い皮膚常在菌が減る分、外部の雑菌が繁殖しやすくなりかえって〝におい体質〟になりやすいのです。

Check 2

毛穴の中に閉じ込めた汗が運動したときに一気に放出！

制汗剤の成分で、もう一つ心配なのが「収れん剤」。これは肌にわざと「微弱な炎症」を起こし引き締める成分ですが、**制汗剤の場合は炎症による「腫れ」で汗腺を閉ざし、その中に汗をせき止めるのです。**これが続くと汗腺の中に汗が蓄積し、制汗剤なしでちょっと運動した際に、せき止められていた汗が一気に噴出します。こうして、ますます〝汗っかき〟になるのです。さらに、副作用として皮膚のかゆみや汗疱《かんぽう》（水疱）を招くことも。

かずのすけ格言　制汗剤の常用で、制汗剤がもっと手放せなくなる。

制汗剤の要注意成分&常用するリスク

ザックリまとめると……

- 殺菌剤＝肌を守っている「皮膚常在菌」も殺すので、外部の雑菌が繁殖し、においが増す原因に。
- 収れん剤＝毛穴を閉じて汗をせき止める。制汗剤なしだと一気に汗が出て、皮膚炎や汗疱にも。
- 爽快感のために「エタノール」や「香料」を多く配合した制汗剤は、かゆみや皮膚炎を招くことも。

CHECK 1

殺菌剤で雑菌増殖！しかも退治が困難に

通常の汗は本来、無臭です。臭くなるのは「雑菌」が汗や脂肪を過剰に分解し、におい物質を作るから。よって多くの制汗剤は「殺菌剤」を配合しています。しかし殺菌剤を常用すると、肌を守る常在菌が減るので、外部の雑菌が増殖します。雑菌は生命力が強く、徐々に殺菌剤に慣れて退治も難しくなります。

制汗剤の有効成分

制汗剤は基本的に「医薬部外品」で、下記の有効成分で汗＆においを防いでいます。常用すると、かえって汗やにおいを悪化させてしまう場合もあるので使い過ぎには注意しましょう。

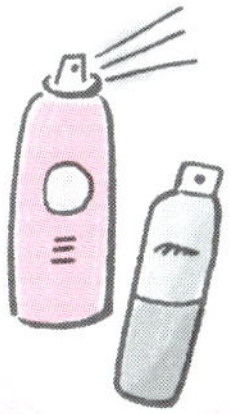

収れん剤（毛穴に汗を閉じ込める）

- クロルヒドロキシアルミニウム塩（クロルヒドロキシAl）
- 焼きミョウバン
- 酸化亜鉛（閉塞剤）

殺菌剤＆抗菌剤（においの原因菌を殺すor弱らせる）

- 塩化ベンザルコニウム（効果：強）（ベンザルコニウム塩化物／ベンザルコニウムクロリド）
- イソプロピルメチルフェノール（効果：中）
- 緑茶乾留エキス（効果：弱）

特に強力なのは塩化ベンザルコニウムなどの「殺菌剤」。イソプロピルメチルフェノールや緑茶乾留エキスは「抗菌剤」なので効果は比較的穏やかです。もし、どうしても制汗剤を使う必要がある場合は抗菌剤系のものを選ぶほうが無難！

CHECK 2

「収れん剤」で汗を閉じ込める仕組み

収れん剤の「クロルヒドロキシアルミニウム」や「焼きミョウバン」は、主にアルミニウムでできています。アルミニウムの化合物は、汗の水分と反応すると「水酸化アルミニウム」に変化します。これが毛穴内でケラチンと結合してフタとなり汗を閉じ込めます。「酸化亜鉛（閉塞剤）」も同じく毛穴内部でタンパク質と結合して汗の出口を塞ぐ仕組みです。

ただし毛穴内部に汗が溜まるので、かぶれや汗疱、汗の増加などもあるので多用には注意を。

「ボディシート」はムダ遣いでしかない

特徴

- ボディシートは香りで選ぶ
- 胸元を拭くときムダにセクシー
- 一日中拭いている

DATA

パウダーイン好き

潤い度：★☆☆
刺激度：★★☆
さりげなく
ワキも拭く：★★★

ここが NG ケア

汗を拭くために、わざわざ皮膚刺激のある「ボディシート」を買うのはナンセンス！

Check 1

ほとんどのボディシートは「エタノール」が主成分

汗を拭く「ボディシート」は、大多数が「エタノール」を主成分にしています。エタノールは「揮発性」があり、皮膚から熱を奪ってすぐに蒸発します。熱を奪うのでひんやりしますし、揮発の際に周囲の水分（汗）も一緒に蒸発させるためサラッとします。**ただし高濃度のエタノールは、敏感肌の人には刺激になります。**商品パッケージにも、アルコール過敏症の人や肌の弱い人、乳幼児は使わないこと、などと注意書きがある場合も。

Check 2

ボディシートに頼らずとも、汗を優しく拭く方法はある

ボディシートの界面活性剤は、低刺激な「非イオン系」が基本。でもエタノールが主成分だと、肌にはやや刺激的。中にはサラサラ肌を演出するために、刺激のある角質分解成分「乳酸」「サリチル酸」等を加えた商品も。

汗を拭くなら、水で濡らしたタオルなどが一番。シートが不可欠なら、少しですがエタノールフリーの商品もあるので、それを使いましょう。赤ちゃんのおしり拭きは、ほぼ水だけなので、これで代用する手も◎。

かずのすけ格言　汗を拭く代わりに皮膚刺激。割に合わなさ過ぎる。

「デオドラント製品」は結局どう使えばいいの？

ザックリまとめると……

- 毎日使用NG。必要なときだけ！　全身への使用は発汗を阻害し「熱中症」を引き起こすことも。
- ベストは水で濡らしたタオル。エタノールフリーのボディシート、赤ちゃんのおしり拭きも可。
- 肌ではなく服に噴射する、新種のデオドラントスプレーが優秀（衣類の消臭スプレーとは別物）。

CHECK 1

服にスプレーする新種の体臭ケアも

最近注目されているデオドラント製品が、皮膚ではなく「服」に噴射して体臭を防ぐスプレー。服に消臭成分を付着させることで、発汗は阻害せずに、汗のにおいが服を通して外に漏れるのを防ぐものです。ワキガにも有効と言われているので、悩んでいる人は『経衣類消臭法』をネットで検索してみてください。

デオドラント製品の使用はほどほどに

「発汗」は体温を下げるための重要な機能です。それを妨げる制汗剤のヘビーユースは避けましょう。

CHECK 2

「全身」の発汗を抑えるのはやめて！

「発汗」は体温を調節する機能です。体内の熱が上がると汗をかき、汗が「蒸発」するときに体の熱も一緒に発散することで、体温が下がります。制汗剤を全身に使うと、発汗が阻害され、熱中症の危険性が高まるという研究結果も。

制汗剤の使用は毎日ではなく必要なときだけなら問題ありませんが、その場合も全身への使用は控え、ワキや足だけにしましょう。

ワキや足の汗は蒸発しにくく、あまり体温調節に関わっていないと考えられています。

「マイナスイオン」商法の本当のところは？

とりあえず！マイナスイオンドライヤー女子

特徴

- マイナスイオンのことはよくわかっていない
- みんなが使っていればとりあえず安心
- 人の意見にすぐ感化される

DATA

信じられるのは口コミ

潤い度：★★☆
刺激度：★☆☆
キレイなお姉さんになりたい：★★★

ここが
NG
ケア

マイナスイオンは、静電気防止効果はあり。ただ、それ以上のすごい効果は信用ならず

Check 1

「マイナスイオン」は造語。定義はなく、解釈はバラバラ

「イオン」とは、簡単に言えば「静電気」のこと。静電気にはプラスとマイナスがあるので一般に「マイナスイオン」というとマイナスの静電気のことを指すと思いがちですが、実は専門用語ではプラスの静電気は「カチオン」、マイナスは「アニオン」と呼びます。

つまり「マイナスイオン」は正しい化学用語ではなく、単なる造語です。定義はないので、メーカーごとに主張はバラバラ。便利なフレーズとして乱用しているメーカーも。

Check 2

マイナスイオンドライヤーなどで「静電気」を解消できるのは事実

では、「マイナスイオン機能」は眉唾なのか？　というとそうとも言い切れません。これは恐らく『除電器』という機能を利用したもので、空気に電流を与えるとプラスとマイナスの静電気を帯びた空気の粒子が発生し、これが髪の静電気を中和します。プラスの静電気も発生しているので「マイナスイオン」と呼ぶには疑問ですが効果はあります。**ドライヤーの機能であれば「マイナスイオン＝静電気防止機能」と思って良いでしょう。**

かずのすけ格言　「マイナスイオン」ゴリ押しの商品はうさんくさい。

「ジェルネイル」に危険性はあるのか？

ちょっとホコリ入ったけどいいっしょ！
店でやるより安いし、私かなり上手〜
UVジェルで自作したバレッタ
いつか店出して友達から金とろうとしてる
枝毛
アートセンスに根拠のない自信アリ
やりすぎて最近爪が痛い

セルフネイル女子

特徴

- サロンには行かないというプライド
- 「プロ並〜！」という言葉を待ってる
- ネイルの資格取ろうかと思ってる（思ってるだけ）

DATA

私、プロ並♥

潤い度：☆☆☆
刺激度：★★★
ついつい剥がす：★★★

ここがNGケア

ジェルネイルは、熟練者だけが施術すべき！素人のセルフネイルは、アレルギーリスクも

Check 1

ジェルが「皮膚」に付くとアレルギーの発症もありえる

ジェルネイルの爪に対する弊害は、一般的には「乾燥」くらいです。ただし誤って「皮膚」に付くと、アレルギーを発症するおそれもあります。**ジェルが紫外線で「固まっていく」という現象は、いわゆる化学変化。**このように物質が皮膚の上で化学変化を起こすと、角質の「タンパク質」と結合し、アレルギー物質に変身する場合があるのです。未熟なネイリストや、素人のセルフネイルは避け、上手なネイリストを指名しましょう。

Check 2

素人がオフすると爪の層まではがれることも

ジェルネイルの施術に熟練していない人は、「オフ」をする際にも思わぬ失敗をしてしまうケースがあります。

ジェルネイルには「ハード」「ソフト」の2種類があります。ソフトタイプのジェルは「ウレタンアクリレート」が主成分で、**これは接着剤にも使われる粘着性の高い成分。**しっかりと定着し、取れにくいのが長所ですが、**うっかりすると爪の層も一緒に剥がしてしまう場合があるので注意しましょう。**

かずのすけ格言　サロン代をケチって、病院代を増やさないように。

「ハード」「ソフト」それぞれの長所と短所

ザックリまとめると……

- ハード＝光沢があるが硬いので割れやすい。取れやすく、爪を削って凹凸を作る必要も。
- ソフト＝割れにくい＆取れにくい。しかし色移りしやすくオフの際に自爪の層を剥がしがち。
- ジェルネイルは正しく施せば安全。でも皮膚に付くと、アレルギーのリスクあり。

CHECK 1

「ハードジェル」は美しいが、欠けやすい

ジェルネイルには「ハード」「ソフト」の2種類があります。「アクリル樹脂」が主成分のハードタイプはガラス状の光沢があり美しいのですが、硬くて欠けやすいのが難点。また、硬化する際に若干縮むので爪から浮いて取れやすく、定着させるために事前に爪をやすりで削る「サンディング」が必要なものも。

ジェルネイルの主成分

ジェルネイルは基本的に溶剤を含まず、「樹脂」だけでできています。

［ジェルの仕組み］

ジェルの時点では分子が小さく液体状（モノマー）ですが、紫外線等を当てると分子が数珠つなぎのように結合していって固まり、高分子の「ポリマー（樹脂）」となります。このポリマーになった状態が、ジェルネイルが固まった状態です。

●ハードタイプの主成分

「メタクリル酸２-ヒドロキシエチル」など（通称：HEMA）

・アクリル系樹脂
・別名ヒドロキシエチルメタクリレート
・代表的な光硬化性樹脂
・ガラス状の硬い被膜形成剤
・光沢感が美しいが硬くて脆い
・外れやすくサンディングが必要なものが多い

●ソフトタイプの主成分

「ウレタンアクリレート」など

・ウレタン系光硬化性樹脂
・硬さは低いが弾力のある皮膜形成が特徴で割れにくくはがれにくい
・ハード系よりマットな質感
・若干の粘着性があるので色移りしやすい
・オフ時に自爪を破損しないように注意

CHECK 2

「ソフトジェル」は頑丈だけどオフに注意

ソフトジェルの主成分は「ウレタンアクリレート」です。

これはゴムの仲間で、ゴム状の弾性があるのが特徴です。粘着力に優れていて、ハードよりも取れにくく、「サンディング」も必須ではありません。付ける際の爪への優しさならソフトが◎。

ただ若干の粘着性があるので日常的にいろんな物質が色移りしやすく、くすみや黒ずみが生じることも。色移りしやすく、ハードと比べて色が損なわれやすいのが難点。

マニキュア＆除光液はどれを選ぶ？

ザックリまとめると……

- 速乾タイプは、不完全な状態で固まっているので取れやすい。溶剤が多く乾燥しがち。
- ネイルオフに時間をかけると、溶剤を爪に長く置くため、爪が乾燥しやすい。
- アセトンフリーの除光液が増えているが、「アセトン」が早くネイルを落とせるので◎。

CHECK 1

速乾系マニキュアの落とし穴とは？

「速乾タイプ」のマニキュアは、結晶構造が不完全なうちに固まるので、はがれやすいのです。また早く乾かすために、水分を蒸発させる溶剤（エタノールなど）を多めに入れており、爪が乾燥しやすいのもデメリット。ネイルを長持ちさせたい人や、自爪をキレイに保ちたい人は、普通のマニキュアを選びましょう。

マニキュア&除光液の成分

マニキュアと除光液の成分には次のものが含まれています。

●マニキュアの主成分

- 溶剤（酢酸ブチル、酢酸エチル、アセトンなど）
- 樹脂（ニトロセルロース）
- 補助溶剤（エタノール、イソプロパノールなど）

マニキュアは「溶剤」が入っており、それが揮発（蒸発）して樹脂だけが残ることで固まります。一方、ジェルネイルは樹脂だけでできており、紫外線を当てることで固まります。補助溶剤は乾燥を促進させる成分ですが、自爪の乾燥を促進させる懸念も。

●除光液（ジェルネイルリムーバーも）の主成分

- 溶剤（アセトン、酢酸ブチル、酢酸エチルなど）
- 油分やエタノールなどの補助溶剤

除光液の主成分は、ほぼ溶剤のみです。乾燥を防ぐために、できれば油分を配合した商品がベスト。油の種類はミネラルオイルなどでOK。アセトン100%で素早くオフするのもありです。

一般にネイルオフの速度は溶剤と樹脂の相性から「アセトン＞酢酸エチル＞酢酸ブチル」の順。しかし爪や肌への脱脂力はそう変わらず、さらに吸入毒性（揮発した成分を体内に吸い込んだときの毒性）は「酢酸ブチル＞酢酸エチル＞アセトン」となりアセトンがもっとも低毒性です。アセトンのほうが素早くオフできて吸入毒性も低い以上、ノンアセトンにこだわるメリットは少ないのです。

CHECK 2

アセトンフリーの除光液は逆効果

アセトンフリーの除光液が増えていますが、これは「酢酸エチル」「酢酸ブチル」などを配合しています。アセトンよりもネイルを落とすのに時間がかかり、爪が乾燥しやすいので、アセトン系除光液が◎。また、ノンアセトン系は臭気があり吸入毒性が高めのものもあるので注意！

かずのすけ語録

マニキュアも除光液も普通が一番

06

ネイルのおしゃれをする以上乾燥ケアは必要

特徴

- 爪以外は適当
- やり過ぎてダメージ受けてる爪
- なんだか不釣合いなネイル

DATA

爪だけキラキラ

潤い度：★☆☆
刺激度：★★★
オフしてもすぐネイルする度：★★★

ここが
NG
ケア

爪は肌と違って「油分」を自分で補えない。乾燥したら放置せず、オイルを塗るべき

Check 1

ジェルネイルやマニキュアは爪が乾燥して当然と心得よ

マニキュアやジェルネイルに爪の乾燥は付きものです。マニキュアやリムーバーの主成分である「アセトン」「酢酸ブチル」「酢酸エチル」などの溶剤、またジェルネイルは主成分の「樹脂」や硬化時の「発熱」が、**爪の水分・油分・セラミドなどを奪うからです。**

乾燥すると、爪が薄くなったように感じるかもしれませんが、水分や油分が失われているだけで爪（角質）が薄くなっているわけではありません。

Check 2

爪は「水分」は自力で補えるが「油分」は補うことができない

爪と皮膚の間には「爪床《そうしょう》」と呼ばれる部分があり、爪はこの爪床から常に水分の供給を受けています。ですから、**爪の水分不足は放っておいても自然に解消されます。**

一方、爪は「油分」を含んでいますが、油分を分泌する皮脂腺などはありません。**爪は皮膚の油分が徐々に伝わっていくのを待つ以外に自力で油分を補えないので、**乾燥したら油脂やセラミドが入ったキューティクルオイルを塗るのが効果的です。

かずのすけ格言　オイルが美爪の秘訣。

強く美しい爪を育てる「ネイルケア」の方法

ザックリまとめると……

- 爪は油分を自力では補えないので、乾燥したらキューティクルオイルを使う。
- キューティクルオイルは皮脂と類似の「油脂系」が◎。セラミドも入っていると効果的。
- 爪の成分は「ケラチン」なので、割れるのを防ぐならケラチンを。「カルシウム」は意味なし。

CHECK 1

ミネラルオイルではなく「油脂」を

キューティクルオイルの多くは「ミネラルオイル」が主成分。これは、ネイルオフの際に指にリムーバーが付くのを防いだり、爪の水分を守ったりする「保護オイル」としては◎。でも油分を補うなら、皮脂に類似の「油脂」が最適です。油脂に比較的近い「ホホバ油」もOK。セラミドも補うと理想的です。

ネイルケアに効果的な油分

爪の乾燥を改善し、美爪を育てる成分を紹介します。

［爪の保湿に効果的な油分及び脂質］

<table>
<tr><th></th><th colspan="2">成分名</th><th>概 要</th></tr>
<tr><td rowspan="7">油脂類</td><td colspan="2">オリーブオイル</td><td rowspan="6">油脂の一種で主成分の脂肪酸の組成によってさまざまな性質になる。ここにあるオレイン酸を多く含む油脂の場合肌なじみが良く柔軟作用がある。不純物として含まれるビタミン類の組成によって抗酸化力に優れた油脂となる。また多価不飽和脂肪酸のリノール酸やリノレン酸を多く含む油脂は酸化しやすいため注意。</td></tr>
<tr><td colspan="2">馬油</td></tr>
<tr><td colspan="2">アルガニアスピノサ核油</td></tr>
<tr><td colspan="2">コメヌカ油</td></tr>
<tr><td colspan="2">マカダミアナッツ油</td></tr>
<tr><td colspan="2">アボカド油</td></tr>
<tr><td colspan="2">ホホバ油</td><td>主成分はロウ類だが油脂のように脂肪酸も含む植物性のオイル。皮膚の天然保湿成分とよく似た組成のため、高精製されたホホバ油は肌の保湿剤としてよく使用される。</td></tr>
<tr><td rowspan="12">セラミド類</td><td>セラミド1</td><td>セラミド2</td><td rowspan="6">ヒト型セラミド。人皮膚上に存在するバリア機能物質で、外部の乾燥や刺激から皮膚を守る働きをしている。アトピー肌、敏感肌、加齢肌にはセラミドが不足しているというデータがあり、外部補給することで肌のバリア機能を補うことが可能。</td></tr>
<tr><td>セラミド3</td><td>セラミド5</td></tr>
<tr><td>セラミド6II</td><td>セラミドAP</td></tr>
<tr><td>セラミドEOP</td><td>セラミドNS</td></tr>
<tr><td>セラミドAS</td><td>セラミドNP</td></tr>
<tr><td>セラミドAG</td><td>セラミドNG</td></tr>
<tr><td colspan="2">ヘキサデシロキシPGヒドロキシエチルヘキサデカナミド</td><td rowspan="2">擬似セラミドの一種。人間の肌の角質層にあるセラミドと似た働きをする成分。外部から補うことで肌のバリア機能を高めることができる。</td></tr>
<tr><td colspan="2">セチルPGヒドロキシエチルパルミタミド</td></tr>
<tr><td colspan="2">ラウロイルグルタミン酸ジ（フィトステリル／オクチルドデシル）</td><td>擬似セラミドの一種。長年、幅広いメーカーの商品に使用されており、安全性と実用性に定評がある。</td></tr>
<tr><td colspan="2">コメヌカスフィンゴ糖脂質</td><td>コメから得られる糖セラミド（グルコシルセラミド）を含むセラミド類似体。糖セラミドはセラミドの前駆体であり、セラミドに似た働きをする。</td></tr>
<tr><td colspan="2">ウマスフィンゴ脂質</td><td>馬油から少量得られる糖セラミド（ガラクトシルセラミド）を含むセラミド類似体。糖セラミドはセラミドの前駆体でありセラミドに似た働きをする。</td></tr>
</table>

CHECK 2

顔用の化粧品でもネイルケアはできる

油脂系のキューティクルオイルがなければ、スキンケア用の「アルガンオイル」「オリーブオイル」などの油脂でもOK。セラミド入りの化粧水や美容液も◎。爪を割れにくくするには、爪の主成分「ケラチン」を。ケラチンの主成分である「L-システイン」のサプリメントを摂取するのも効果的です。

かずのすけ語録

油分過剰はニキビを招くが、爪ならニキビもできない

サラサラヘアが理想なら「ヘアオイル」は捨てなさい

ヘアオイル愛好女子

特徴

- ヘアオイルはお風呂場が定位置
- 部屋にはいろんな香りが入り乱れている
- ルームフレグランスは欠かさない

DATA

海外モノを愛用

潤い度：★★☆
刺激度：★★☆
3プッシュは
付ける度：★★★

ここが**NG**ケア

ただでさえ整髪料やトリートメントなどで油まみれの髪に、オイルまで塗るのは余計！

Check 1

ヘアオイルの主成分は落ちにくい「シリコーン」が定番

〝アルガンオイル配合〟などといっても、ヘアオイルの多くは「シリコーン」が主成分。**シリコーンは落ちにくい油です。**トリートメントにも使われていますが、界面活性剤のおかげであまり残らず洗い流せます。でもヘアオイルは基本的に界面活性剤を含まないので、クレンジングシャンプーをしないと、シリコーンが残りがちに。〝アルガンオイル１００％〟など油脂１００％は**紫外線やドライヤーの熱で酸化し、異臭の原因になることも！**

Check 2

油と油はくっつきやすい。どんどん蓄積してギトギトヘアに

油性の物質同士は、お互いに引かれ合う性質（疎水性相互作用）があり、くっつきやすいのが特徴です。シリコーンが残留した髪に、ヘアオイルや整髪料、油の多いトリートメントを塗り続けると油と油がくっついて蓄積し、髪がギトギトになり、**ヘアカラーやパーマの薬剤も浸透しづらくなります。**

ヘアケア製品は、トリートメントで充分！ドライヤーなどの熱から髪を守りたい場合は、Ｐ１８９を参考に「ヘアミスト」を使いましょう。

かずのすけ格言　多くの現代人は髪が油まみれ。

市販シャンプーでダメージケアは無理 でも高級ブランドにも注意

かなり値段するし、絶対良いはずだわ。
タレントがブログで紹介してたし
流行に流されがち
1690円のシャンプーを愛用中
安いシャンプー使ったら髪が死ぬと思ってる
2980円のシャンプー
ジャスミン&ローズの香り

ちょっと高めだから大丈夫！ 市販シャンプー女子

特徴

- ノンシリコンじゃないと買わない
- 使いかけでも良いシャンプーがあればすぐ変える
- ブログ・インスタで日々シャンプー探し

DATA

ちょっと高めを選ぶ

潤い度：★☆☆
刺激度：★★★
ネットで1L入りの業務用も買う：★★★

ここが
NG
ケア

優秀なヘアケア製品は使ってすぐにわかる。でもドラッグストアには、ほぼ売っていない

Check 1

大衆価格のシャンプーにダメージ補修効果などない

本当に良いシャンプーやトリートメントは、ドラッグストアにはめったにありません。優れた成分を配合したヘアケア製品は、**1000円未満で売ったら大赤字です。** 大衆向けシャンプーが、ダメージ補修効果などを宣伝していますが、期待するだけムダ。安いヘアケア製品の多くは「ラウレス硫酸Na」「オレフィンスルホン酸Na」などの安価な界面活性剤が主成分です。真剣にヘアケアをするなら、**優秀な美容室専売品などを選ぶのが基本です。**

Check 2

高級だから良いとは限らない！優れた商品は良さが明確にわかる

ただし美容室専売品や、有名なヘアケアブランドだから良いとは限りません。「まだ効果がないけど、使い続ければ変わるよね」、「使用感はイマイチだけど、成分は良いはず」なんて思っているなら騙されているかも。

良質な成分で作ったシャンプーなどは、基本的にギシギシとかバサバサの仕上がりになることはまれです。ただし髪がとても傷んでいてダメージが蓄積しているとどれだけ高品質のアイテムでも補いきれない場合もあります。

かずのすけ格言　市販シャンプーの「濃密ダメージ補修」は嘘。

シャンプーが頭髪に与える影響とは？

ザックリまとめると……

- 抜け毛にシャンプーは関係ないが、洗浄力の過不足などで頭皮が荒れ抜け毛につながることも。
- カラー・パーマ・縮毛矯正＝低品質のシャンプーでは、キューティクルが開いてバサバサに。
- パーマ・縮毛矯正＝ホームケアを怠ると、どんどん髪が弱って切れ毛や枝毛の原因に。

CHECK 1

シャンプーと抜け毛の関係

抜け毛の原因は主に男性ホルモンの影響で、シャンプーが悪いのではありません。しかし洗浄力の過不足や殺菌剤配合のシャンプーだと、地肌環境が乱れ、これが間接的に抜け毛につながる場合はあります。また、きしみの強いシャンプーに変えると、髪同士の「摩擦」で抜け毛が増えるケースもあります。

キューティクル&ダメージヘアの関係

酸性とアルカリ性、それぞれの髪に対するダメージです。

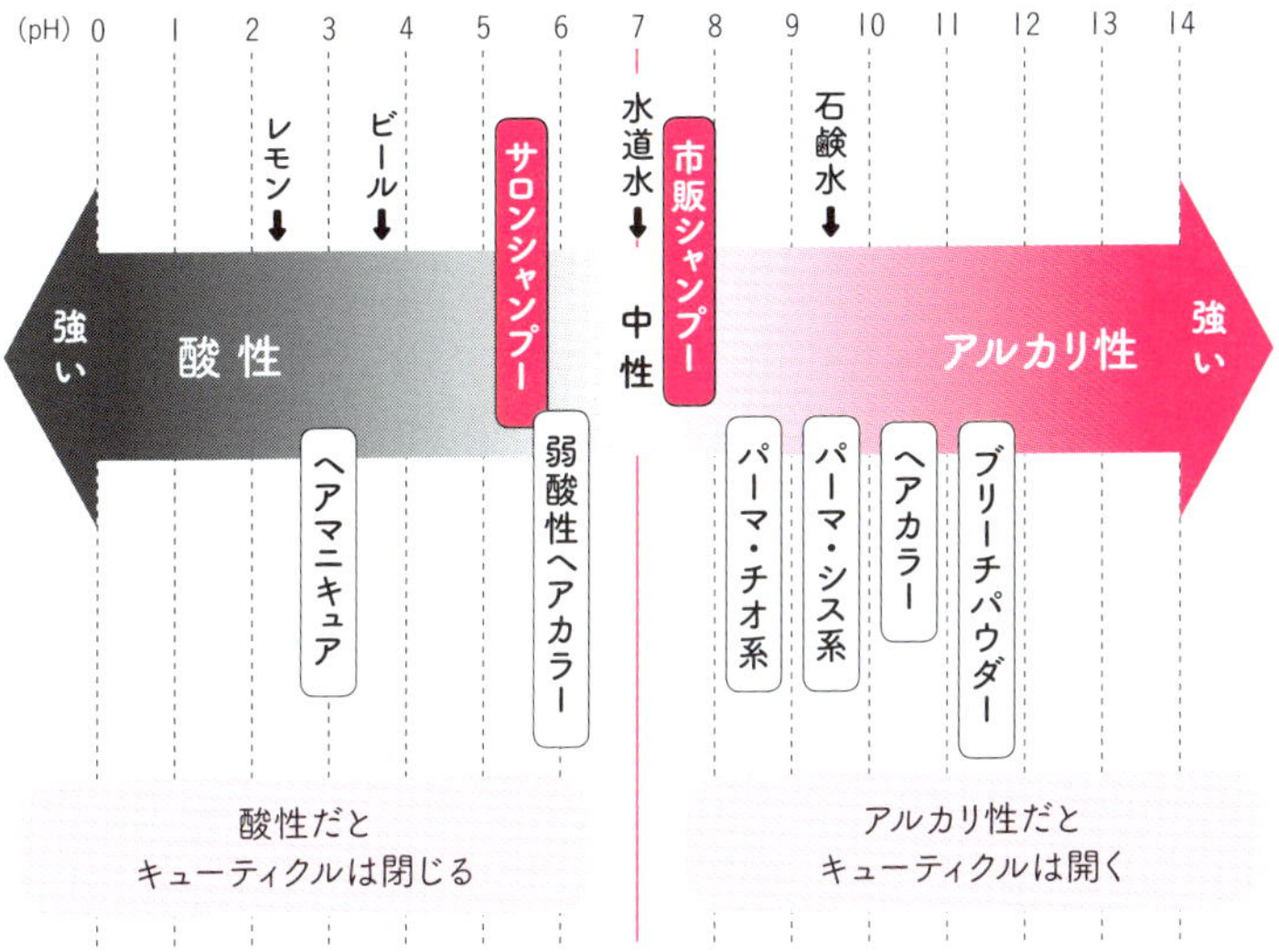

※DEMIコスメティクス（http://www.demi.nicca.co.jp/salonsupport/beauty1_detail_17.html）より引用

髪の一番外側にあり、髪を包んで保護しているのが「キューティクル」です。キューティクルはうろこ状に重なり合っており、通常は「弱酸性」で閉じています。しかし「アルカリ性」になるとキューティクルのうろこが開きます。傷んだ髪がザラザラなのは、キューティクルが開いて毛羽立っているような状態だからです。

CHECK 2

ヴァージン毛以外に安物シャンプーは×

カラー・パーマ・縮毛矯正などの化学施術は化学薬品による化学反応を応用して髪に色やクセを付けています。

　その薬剤を浸透させる際、「アルカリ剤」という薬品で髪の防御膜である「キューティクル」を開くため、なにも施術していない髪（ヴァージン毛）と一旦防御膜を壊された髪は状態がまるっきり異なります。基本的に化学施術を行った髪は市販の安価シャンプーではケアしきれないと心得ましょう。

シャンプーの基本的な選び方&洗い方

ザックリまとめると……

- 市販のシャンプーはほぼ中性か弱アルカリ性。美容室専売品などから「弱酸性」を選ぶ。
- 弱酸性でも低品質の界面活性剤が多いと×。「カルボン酸系」や「アミノ酸系」の商品を選ぶ。
- シャンプーは「髪」を洗うもの。執拗な「地肌」のもみ洗いは不要。

CHECK 1

頭皮よりも髪を洗うべし!

皮脂や汗は、お湯だけで8割がた落ちます。そしてシャンプーを髪になじませると簡単に落ちるので、地肌のもみ洗いは、そんなにいりません。

現代人は整髪料やトリートメントの油が髪に残りがち。この手の油は落ちにくく、蓄積すると髪がギトギトになるので、髪こそよく洗浄を!

ダメージヘアへのシャンプーの選び方

シャンプーは弱酸性で、なおかつ「カルボン酸系」「タウリン系」「アミノ酸系」「両性イオン系」のいずれかの洗浄成分がベースのものを選びましょう。

［見分け方］ 成分表示の1行目辺りに次の記載がある商品です。一番前の成分がもっとも多く配合されています。

タウリン系

さっぱりした洗浄力ながら比較的低刺激。

語尾をチェック
「～タウリンNa」
例）ココイルメチルタウリンNa

カルボン酸系

さっぱり感と低刺激性を両立した洗浄剤。「酸性石鹸」と呼ばれる。

語尾をチェック
「～カルボン酸Na」
「～酢酸Na」
例）ラウレス-5カルボン酸Na

アミノ酸系

非常に低刺激でしっとりした洗い上がり。洗浄力は穏やか。

語尾をチェック
「～メチルアラニンNa」
「～グルタミン酸N」
例）ラウロイルメチルアラニンNa
ココイルグルタミン酸Na

両性イオン系

もっとも低刺激の洗浄剤。その他の成分を低刺激化する目的でも配合。

・コカミドプロピルベタイン
・ラウラミドプロピルベタイン
・ココアンホ酢酸Na など

この中では、比較的洗浄力のある「タウリン系」や「カルボン酸系」からスタートするのが◎。乾燥が気になる人や、より低刺激を極めたい人は、そのうち「アミノ酸系」や「両性イオン系」に移行してもOK。ただし洗浄力が低ければ良いわけではないので自分に合った洗浄力のシャンプーを探しましょう！ ※条件に該当する商品でも、成分表示の上位に「ラウリル硫酸Na」「ラウレス硫酸Na」「オレフィンスルホン酸Na」が入っていたら注意！

CHECK 2

シャンプーは「弱酸性」が絶対

パーマ、縮毛矯正、カラーの経験者はキューティクルを整える「弱酸性」のシャンプーを。

ヴァージンヘアなら、どんなシャンプーでも髪が傷むことはそうありません。ただし殺菌剤系は頭皮環境が乱れ、石鹸シャンプーは髪がきしみます。

かずのすけ語録

シャンプーは常に弱酸性タイプを使うのが鉄則！

「本物の価値」があるシャンプー&トリートメントとは

ザックリまとめると……

- 優秀なシャンプー&トリートメントは『素朴ながら良質』な使用感のものが多い。
- 高いのにきしむシャンプーを無理に使うのは損(摩擦で髪が抜けることも)。
- 数百円で優秀なヘアケア製品は買えない。でも高いから良いというわけでもない。

CHECK 1

有名高級ブランドが良いとは言えない

良いヘアケア製品は、ほぼ美容室専売品です。でも美容室専売品の全てが良いとは限りません。

特に外資系の高級ヘアケア商品は要注意。価格と成分が全く釣り合っていないものもあります。女子憧れの某有名高級ヘアケアブランドも、香りが良いだけで効果は市販品並み……!

ヘアケア製品への思い込み

ヘアケア製品に対する下記のような考えは全て誤解です。思い込みには要注意です。

有名高級ブランドなら間違いない

▼

外資系ブランドだとぼったくりのものもチラホラ

昔からある商品が一番

▼

最近になって使われるようになった新規成分も多いので新製品も優秀

テレビCMでは嘘はつけないはず！

▼

CMはあくまでイメージなのでまるまる信じてはダメ

髪がきしむけれど、成分は良いはず

▼

明らかにギシギシゴワゴワになっているなら成分を疑ったほうがいい

とりあえずノンシリコンが良い

▼

トリートメントのシリコーンはあっても良い（前作P196参照）

ヘアケアはラインで揃えるべき

▼

むしろ成分が被るのでバラバラでかまわない

コンディショナーよりトリートメントやヘアマスクのほうが優秀

▼

明確な定義はないし場合によっては全部同じ成分のものも

CHECK 2

本物のヘアケアは本当に美髪になれる

本当に優秀なシャンプーやトリートメントは使った途端髪のダメージが見る見る修復し、クセやうねりが一気に収まる、なんてことはもちろんありませんが、上質な使用感の場合が多いです。髪のダメージを進行させないので切れ毛や枝毛が増えることもなく使い続けるといつの間にか美髪になっていく感じです。

「本物はきしむもの」という意見もありますが、髪に大したダメージがないなら良質なシャンプーでギシギシになることはまれです。

パーマ&縮毛矯正は髪の結合を破壊している

特 徴

- なんとなく、ずっと同じ美容院
- 今のヘアスタイルが一番!
- 前髪だけ流行を追う

DATA

毎回同じオーダー

潤い度：☆☆☆
刺激度：★★★
髪型冒険できない度：★★★

ここが
NG
ケア

縮毛矯正はリタッチが基本。取れちゃう人は美容院を変えて！　パーマも傷むのでケアを

Check 1

パーマ&縮毛矯正は大ダメージ！縮毛矯正はリタッチが基本

パーマや縮毛矯正では〝還元剤〟と呼ばれる化学薬品で毛髪内部の主要な結合（ジスルフィド結合）を一旦切断し、整形して〝酸化剤〟の力で再結合させています。再結合と言っても元通りにできるわけはなく、毛髪内部は所々結合が切れたままになっています。**回数を重ねるとその分結合が切れて髪も弱っていくので、重ねがけは避けましょう**。縮毛矯正はうまくかければクセが戻ることは基本的にないので、伸びた部分のリタッチが◎。

Check 2

縮毛矯正＋パーマは可能だけどチリチリパーマになるかも……

髪が非常に傷むのを覚悟すれば、縮毛矯正をした髪にパーマをかけることは可能です。ダメージ毛はキューティクルが開いている分、薬剤が浸透しやすく、健康な髪よりもパーマがかかりやすいのです。ただし、かなり〝チリチリ〟になりやすいので、できれば縮毛矯正の部分の髪を切ってからにしましょう。

縮毛矯正やパーマはダメージ必至ですが、**ホームケア次第では美髪をキープできるのであきらめないで！**　詳しくは次のページへ！

かずのすけ格言　私は隔月でパーマをかけていますが、ほぼノーダメージ。

カラー・パーマ・縮毛矯正後も美髪をキープする極意

ザックリまとめると……

- 施術後10日は、美容院の有料トリートメント禁止！ 薬剤を髪に閉じ込めるので超絶に傷む。
- 施術後10日は弱酸性シャンプーとヘマチン配合のトリートメントを。還元剤除去&カラーの持続に◎。
- パーマを定着させたいなら、半日待ってシャンプー。弱めたいなら、帰宅後すぐシャンプー。

CHECK 1

美容院の有料トリートメントの弊害

術後も髪から特異なにおいがするのは残ったパーマなどの薬剤が気化しているからです。美容院のトリートメントは髪をコーティングします。施術直後にトリートメントすると、コーティングされ薬剤が気化しにくくなります。パーマや縮毛矯正は強力な薬剤を使うのでトリートメントで閉じ込めると厄介です。

カラー・パーマ・縮毛矯正後のケア

カラーやパーマ、縮毛矯正をしたら、次のケアでダメージを軽減しましょう。

［シーン別対処法］

● 有料トリートメントをすすめられたら……

→ コーティングによって薬剤が髪に残留してしまうので、やんわり断りましょう。
※カットのみの日はトリートメントOK。

● パーマが強過ぎて後悔！

→ あまりにクリンクリンだと難しいですが、早く家に帰ってシャンプーをすると、パーマが弱まるケースも。薬剤をできるだけ早く除去したほうが良いので最初はヘマチン入り&弱酸性のものを用いて、トリートメントは重めの被膜系を選ぶとパーマが伸びやすいです。ただしヘマチンはパーマの定着も強めるので最初数回以降はヘマチンなしのものにしたほうが良いでしょう。

［ホームケア］

● シャンプーは絶対に「弱酸性」

→ 施術後も髪が「アルカリ性」でキューティクルが開いたままだと、摩擦が増えてキューティクルがはがれやすくなりますし、髪内部のタンパク質が溶出しやすくなり髪が傷んでしまいます。またヘアカラーの場合もカラー成分が流出しやすいので、必ず「弱酸性」シャンプーを（P174参照）。

●「ヘマチン」入りのシャンプー orトリートメント

→ ヘマチンには化学施術に使った還元剤（髪の結合を切る薬剤）や酸化剤（髪を固めたり脱色する薬剤）の作用を穏やかに抑制する効果があります。またパーマ&カラーの長持ち効果も♪ ヘマチンはトリートメントかシャンプーのどちらかに入っていればOK。
※カラー・パーマ・縮毛矯正の「前」に使うと薬剤が効きにくくなる。施術前３日間は控える。

CHECK 2

化学施術後は残留薬剤を早めに除去するべし

パーマや縮毛矯正やカラーリングは化学薬品を使っているのでダメージがありますが、髪へのダメージが表面化するのは数週間ほどの時間が経ってからです。実は化学施術後に髪が傷んでいくのは残留した薬剤と、その後の弱った髪に対するヘアケアが間違っているからです。「ヘマチン」という成分で薬剤を早めに除去して弱酸性の適切なシャンプーを使用すれば、化学施術を行ってもダメージが深刻化することはほとんどありません。

背中ニキビの犯人は「トリートメント」かも

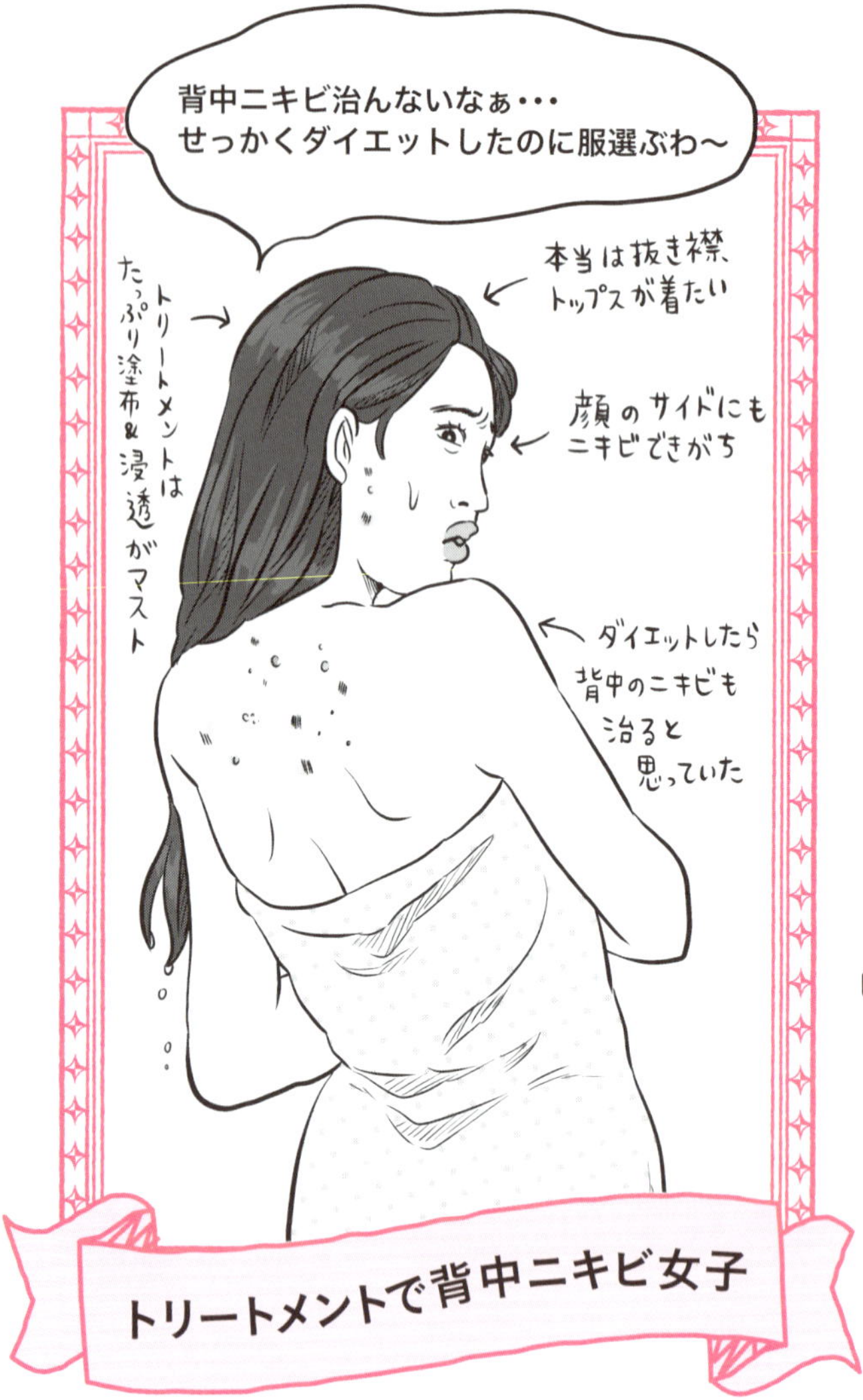

特徴

- こだわりのトリートメントを使う
- 湯船に浸かってトリートメントする
- 背中の脱毛に興味ある

DATA

背中見せられない

潤い度：★★☆
刺激度：★★★
ニキビ跡も気になる：★★★

ここが NG ケア

トリートメントで、背中ニキビができている女子多し。刺激が強いのでよくすすぐべし

Check 1

トリートメントは皮膚刺激が強い!?

背中や首筋のニキビは「トリートメント」が原因ということがよくあります。トリートメントには、柔軟成分である「陽イオン界面活性剤」が配合されています。これはシャンプーの洗浄成分である「陰イオン界面活性剤」以上に細胞への刺激が強く、肌に付着すると皮膚刺激の原因になりやすいのです。しかも吸着性が高いので、**お風呂では髪を洗ってから体を洗うのが鉄則！**　トリートメントが残りやすい背中や首筋のすすぎは念入りに。

Check 2

「髪」がトリートメントで傷むことは基本的にない

皮膚刺激が強いはずのトリートメントで髪が傷まないのは、**髪には「生きた細胞」がないからです。**陽イオン界面活性剤の皮膚刺激が強い理由は、細胞内に浸透したときにマイナスに帯電した「細胞膜」を破壊してしまうからと言われています。P-85で触れるように人の体表や髪はプラス帯電しやすいですが、体内の細胞内はマイナスに帯電しています。雑菌なども同じで、陽イオン界面活性剤は細胞を持つ生き物には刺激や毒性を持ちます。

かずのすけ格言　背中ニキビは、トリートメントのすすぎ残しを疑え。

「トリートメント」が頭髪に及ぼす影響

ザックリまとめると……

- トリートメントで髪が傷むことは基本的にない（髪には生きた細胞がないので刺激を感じない）。
- ただし皮膚にとっては、トリートメントのプラスの静電気（陽イオン界面活性剤）は刺激が強い。
- トリートメントが頭皮やボディに付くと肌荒れする場合があるので、しっかり洗い流すこと。

CHECK 1

トリートメントの皮膚刺激の理由

トリートメントの主成分である陽イオン界面活性剤はプラスの静電気を帯びています。これは、マイナスに帯電した「細胞膜」を破壊する特性があるので強い皮膚刺激があると言われています。しかし、髪にはそもそも生きた細胞が存在しないので刺激を感じることがありません。

人体の帯電性

私たちの体の中には、たくさんの細胞が詰まっており、体内はマイナスの静電気を帯びています。しかし、人体を覆って保護している「体表」「体毛」はプラスに帯電しています。

体表＆体毛（髪も）
＝「プラス」に帯電。
細胞のある体内
＝「マイナス」に帯電。

［陽イオン界面活性剤の細胞毒性メカニズム］

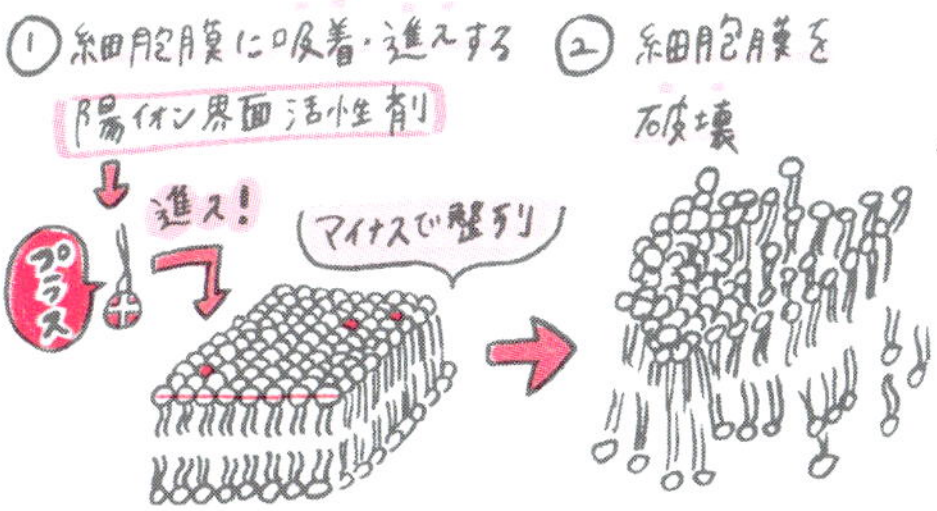

陽イオン界面活性剤は、マイナスに帯電した細胞膜に浸透して破壊する特性があります。この性質により「塩化ベンザルコニウム」などの一部の陽イオン界面活性剤は、雑菌やウイルスなどを破壊する殺菌剤などとしても利用されています。

● 主な成分例：ステアルトリモニウムクロリド、セトリモニウムブロミド　※詳しくはP217参照

CHECK 2

肌はプラスで傷むが髪はマイナスで傷む

肌内部にはマイナスに帯電した細胞膜があるのでトリートメントは刺激ですが、髪は表面も中も関係なく、全体的に「プラス」に帯電しています。同様にプラスに帯電したトリートメントでは、ほぼ傷みません。髪にとっては「マイナス」に帯電したシャンプーのほうがダメージになりやすいのです。

かずのすけ語録

皮膚も髪もケラチンだけど性質は大違い

プラスαで取り入れたい美髪成分

ザックリまとめると……

●「ケラチン」は万能選手！　日々の毛髪補修、パーマ&縮毛矯正の還元剤除去、髪の保護などに◎。

●「ヘマチン」はパーマ&縮毛矯正の還元剤を除去。カラー、パーマ、縮毛矯正の長持ち効果も♪

●熱から髪を守る「ラクトン誘導体」、毛髪軟化成分「マカデミアナッツ脂肪酸フィトステリル」も。

CHECK 1

トリートメントの役割とは？

トリートメント（リンス・コンディショナー等も含め）の第一の役割は、シャンプー後の静電気を中和しゴワつきを抑えることです。シャンプーでマイナスの静電気を帯びるので、これをプラスの静電気で中和するのがトリートメント。あとは好みの質感の調整やダメージを抑制する成分などを選ぶと◎。

トリートメントの効果的なヘアケア成分

おすすめの美髪成分は次の通りです。トリートメント選びの参考にしてください。

ケラチン、加水分解ケラチン

＊髪の主成分なので、傷んだ髪を"ツギハギ"のような形で補修してくれる。
＊熱を受けると硬くなり、ドライヤーの熱から髪を守る保護膜になる。
＊形状記憶作用があり、ヘアスタイルのキープにも◎。

ラクトン誘導体
（γ-ドコサラクトン、メドウフォーム-δ-ラクトンなど）

＊熱を受け取ると毛髪に架橋構造を形成して補修する成分。
＊ドライヤーやヘアアイロンの前に使用すると効果的。

毛髪親和型カチオン（クオタニウム-33）

＊正式名「イソアルキル（C10-40）アミドプロピルエチルジモニウムエトサルフェート」
＊毛髪表面の潤滑成分（18メチルエイコサン酸を含む）の誘導体であり、毛髪に吸着して高い柔軟性を発揮する。

ヘマチン

＊血中のヘモグロビンから抽出される成分で酸素を吸収・供給する力を持つ。
＊毛髪に残留した「還元剤」や「酸化剤」を失活させる。
＊ケラチンの結合を強めるのでカラー、パーマ、縮毛矯正を長持ちさせる。
※カラー、パーマ、縮毛矯正の施術前3日間はNG！

マカデミアナッツ脂肪酸フィトステリル、マカデミアナッツ油など

＊毛髪を柔軟化させる油脂類とその抽出成分。
＊毛髪表面の潤滑成分に類似の油脂で髪を軟化させる効果がある。

シリコーン類
（ジメチコン・シクロペンタシロキサン・フェニルトリメチコンなど）

＊毛髪の摩擦を軽減し、質感を調整する成分としては非常に重要。
＊パーマ系のスタイリングでボリュームを落としたくない場合はノンシリコンでも○。
＊縮毛矯正はボリュームを落としたほうが良いのでシリコーン配合のものを推奨。

※「ケラチン」、「ヘマチン」はボリュームが増えるのが特徴なので、ボリュームを落としたい場合は使用しないほうが良い場合も。

CHECK 2

トリートメントはどんな視点で選ぶ？

一度傷んだ髪は治らないので、トリートメントは毛髪ダメージを補修するというよりは「スタイリングをしやすくする」目的で選ぶのが良いでしょう。ボリュームを増やしたいならケラチンなどのボリュームアップ系、ボリュームを落としたいならシリコーン多め……などです。

かずのすけ語録

「美髪成分」をプラスすることがサラサラヘアへの近道！

「髪を巻く前にケア剤を♪」が髪へのいじめに!?

ウェットなままジュッ！
濡れ髪アイロン女子

特徴

- 父親ゆずりの毛量の多さ
- 傷んでるのでアイロンするという負のループ
- ジュ！っといってもケア剤してるし！とポジティブ

DATA

サラサラを切望

潤い度：☆☆☆
刺激度：★★★
ド○キで買ったアイロン使ってる度：★★★

ここがNGケア

コテやヘアアイロンを使う前は、絶対に髪を濡らしてはいけない！

Check 1

濡れた髪は、100℃くらいの熱でも変性してしまう

「ヘアアイロン」で巻き髪やストレートヘアを作る前に、髪を守りたいからと言って、**直前にスプレーやクリームで髪を濡らすのは厳禁！**　髪の耐熱性は、通常は180℃程度までですが、濡れた状態だと100℃くらいでも変性してしまうのです。

濡れた髪に高温のヘアアイロンを使うのは、とんでもない自殺行為です。ヘアアイロンを使用する際は、**必ずドライヤーで乾燥させてからにしましょう。**

Check 2

ドライヤーの場合はヘアミストを併用してもOK

髪は濡れているとダメージを受けやすいので、素早く乾かしましょう。ドライヤーを近づけ過ぎて高温になるとダメージになるので、適度な距離で高温にならないように気を付けましょう。**この際に毛髪保護成分を配合したヘアミストを併用すると◎。**「ケラチン」や「ラクトン誘導体」などの成分は、ドライヤーの熱から髪を守ってくれます。また、**髪内部が若干湿った感じの「9割5分」乾燥で終わらせるのがコツ。**アイロン等はこの後です。

かずのすけ格言　コテやアイロンは必ず乾燥した髪にあてるべし。

低負担なのにスタイル長持ち！「ヘアアイロン」の正しい使い方

ザックリまとめると……

- 「（加水分解）ケラチン」は熱から髪を守り、さらにヘアスタイルを長持ちさせるのに効果的。
- ケラチン配合のミストを付け、ドライヤーで乾かした後、10分以内にヘアアイロンを使うと◎。
- 手早く終わるなら高温でも良いが、目安は120〜150℃。120℃以下はゆっくりでもOK。

CHECK 1

スタイリングにもケラチンが大活躍

「（加水分解）ケラチン」は熱を受けると毛髪表面や内部でフィルム状に固まります。これによって熱から髪を保護し、しかもヘアスタイルを長持ちさせてくれるので一石二鳥です。

まずは髪にケラチン入りのミストを吹きかけます。そしてドライヤーで乾かしてから、ヘアアイロンを使うのがコツ！

髪を傷めないヘアアイロンの使い方

髪へのダメージを防ぎ、さらにスタイリングキープにも効果的な「ヘアアイロン」の使い方をマスターしましょう。

STEP 1
「(加水分解)ケラチン」「ラクトン誘導体」入りのヘアミストを髪に吹きかける。

↓

STEP 2
必ずドライヤーで乾かす。髪表面は完全に乾かし、内部が若干湿った「９割５分乾燥」を目処に。

↓

STEP 3
ドライヤー完了後できるだけ10分以内に、ヘアアイロンやコテで髪をセット。

［温度の目安］

- **標準スピードの場合**：約120〜150℃
- **素早く仕上げる場合**：熟練者なら180℃程度までなら上げても可
- **時間がかかる場合**：初心者は120℃以下で。この程度の温度なら、ゆっくり使っても大ダメージにはなりにくい

➡ 温度のダメージ度は「高過ぎない温度で手早く仕上げる」のが一番低ダメージで済むので、温度が高くなり過ぎたり時間がかかり過ぎたりしないように自分のやりやすい方法を選びましょう。

CHECK 2

髪を乾かして10分がセットの勝負タイム

髪を構成する化学結合のうち「髪本来の形状」を作っているのが「ジスルフィド結合」です。

一方、髪の一時的なクセは「水素結合」という結合が作っています。水素結合は水による結合で、髪が濡れると切れ、髪が乾くと再結合します。

毛髪内部が若干湿っている状況では、水素結合がまだ完全に固まっていないので、乾燥して再結合する10分程度の間にスタイリングするとヘアスタイルが綺麗に決まって長持ちします。

ヘアワックスは髪に残留している可能性あり

「変幻自在で360度可愛い」ワックスと
「ふんわりが1日中続く」スプレー・・・
これがないと外出れな〜い
毎日ワックス&スプレーを使う
ワックスとヘアスプレーを一緒に使うせいで成分が固まってフケみたくなってる
ワックスはパッケージやキャッチコピーで買う
WAX
お風呂入るのもダルい。嫌い。

こだわりヘアセット女子

特 徴

- 100%自然由来という説明に弱い
- 手に残った分はハンドクリームになるらしい
- かなり固いので爪で取って手で温めて使う

DATA

風になびかない

潤い度：★★☆
刺激度：★☆☆
ハードタイプを使えば
安心：★★★

ここが
NG
ケア

油の多いワックスは、普通のシャンプーじゃ落とせない！　クリームなども選択肢に

Check 1

強力キープ系のワックスは クレンジングシャンプーの必要も

「ワックス」などのヘアスタイリング剤で、髪が傷むことは基本的にありません。

ただシリコーンや炭化水素油（ミネラルオイルやワセリンなど）が多いオイリー系のワックスは落ちにくく、**脱脂力の強いクレンジングシャンプーが必要になることがあります。「水」が多いワックスのほうがキープ力は劣りますが、落ちやすさは◎。**使いやすさは、キープ力&落としやすさのバランスが中間的なクリーム系の整髪料が◎。

Check 2

ワックス&ヘアスプレーは 相性次第ではフケのように……

ワックス&ヘアスプレーを併用する場合は、相性に注意してください。ねっとりした**油分の多いワックスは、髪を油でがっつりコーティングします。**そして、ヘアスプレーは一般的に「水溶性ポリマー」でできているので、これにヘアスプレーを重ねると、ワックスの油にはじかれます。はじかれた成分が固まると、粉状になるので、まるでフケのようになってしまいます。スプレーと併用するなら、ワックスの付け過ぎには注意！

かずのすけ格言　強力ワックスを使うなら、シャンプーも強力にせざるをえない。

種類別！「ヘアスタイリング剤」の特徴

ザックリまとめると……

- スプレーは水溶性成分が多いので落としやすいが、油の多いワックスに重ねると粉になる。
- ロウ類を多く含み、油分が多く水分が少ないワックスほど、キープ力が高く落としにくい。
- クリーム系は水が多くスタイルキープが弱いが、落としやすい。

CHECK 1

ヘアスプレーやワックスの特徴

ヘアスプレーはお湯に溶ける「水溶性ポリマー」などの水溶性成分がベースなのでお湯で簡単に洗せます。ただし油の多いワックスに重ねるとはじかれて表面で固まり粉になるので注意を！

成分表示に「水」がない商品は、かなりキープ力が高く、落ちにくいので注意しましょう。

ワックスの正体と仕組み

ワックスの主成分は油分です。ヘアスタイリング剤の違いを知ってから使うものを選びましょう。

［ワックスの仕組み］

キャンデリラロウやミツロウなどのワックスは常温では固形の油分です。これを「シクロペンタシロキサン」などの揮発性のシリコーン等や「水添ポリイソブテン」等の溶剤に溶かしてあり、髪に付けると溶剤が揮発してロウ類が髪に残って固まるように作られています。

溶剤… 水、シクロペンタシロキサン、水添ポリイソブテンなど
ハード系… キャンデリラロウ、ミツロウ、カルナウバロウなど、ロウ類が多め
ミディアム系… マイクロクリスタリンワックスなどが多め
ソフト系… シクロメチコン、ジメチコンなどのシリコーン系が多め

●ヘアクリーム
上記の各ワックスに水分を足してクリーム状に乳化させている。キープ力は落ちるが落としやすさが向上。

●ドライワックス
上記ハード系に「カオリン」などのパウダー成分を配合してマット感を演出。

●オイルペーストワックス
水分をほとんど含まず「ワセリン」「ミネラルオイル」などの油剤が主成分。指通りが良くまとまりも良好だが落ちにくくスプレーとの相性が最悪。

●グロス
ジメチコンやミネラルオイル等のオイル皮膜による光沢を付与。

●ジェル
アクリレーツコポリマーなどの水溶性ポリマーを主成分に配合しているものが多い。

●ヘアオイル
ミネラルオイルやジメチコン等のオイル成分を主体に配合している。ベタつきが蓄積しやすい。

●ヘアスプレー
お湯で溶けるアクリル系水溶性ポリマーを主成分にしているものが大半。水性なので油分の多いワックスをたくさん付けた上にスプレーすると表面で固まって粉吹きが発生する。

CHECK 2

クリームやジェルの特徴

クリーム系は、通常のワックスより水分を増やして乳化した処方なので落としやすさは◎。ただし、キープ力は落ちています。

ジェルは、アクリル系の水溶性ポリマーを主成分にしています。ヘアワックス同様お湯で落とせるのでシャンプーの負担はかなり減ります。

メンズほどの強力キープが必要なければ、クリーム系を攻めるのが無難です。

KAZUNOSUKE COLUMN 3

トリートメントやリンスなどの差は？

最近は「リンス」という名称は、あまり使われなくなっています。そもそもリンスとは、石鹸などのアルカリ性シャンプーの後に、髪のゴワつきを解消するために、酸性溶液で髪をすすぐ行為（＝rinse）に由来します。

これに代わり、髪の柔軟剤全般を「トリートメント」と〝総称〟する傾向になりつつあります。つまりリンス、コンディショナー、トリートメント、ヘアマスク、ヘアパックなども、大きなくくりではトリートメントという感覚です。

そして、呼び方による厳密な違いはなく、メーカーが自由に名付けているだけなので、あまり気にしなくてかまいません。ただし、メーカー間での〝暗黙のルール〟のようなものは存在します。

一般的に「ヘアマスク」「ヘアパック」は、シリコーンなどで髪の「表面」をコーティングし、髪を美しく見せるものです。ただし被膜が強い分、成分が中に浸透できず、ダメージ補修効果はほぼありません。大衆価格のトリートメント製品全般は、実質的にはこれに該当します。

一方、「トリートメント」とは内部補修成分を配合したもの。しかし補修成分を浸透させるには、外部被膜は弱める必要があり、コーティングによる見た目のごまかしが効きません。よって中途半端な実力のトリートメントだと、消費者にとっては良さがわかりにくくなります。

こうした背景から、本来の意味でトリートメントと呼べる商品は、ごくわずかです。「トリートメント」と名乗っている大半の商品は、実質的にはコンディショナーです。「コンディショナー」とは、髪の内部と外部の両方に作用するもの。内部も外部もそこそこの効果を得られ、大衆ウケが一番良いと言えます。

第4章

オトナ女子のための暮らしケア

静電気だって、食器洗剤だって、柔軟剤だって
全てが化学。
知っていれば役に立つ
暮らしの化学を学びましょう。

01

繊維へのこだわりが美人度を上げる

特徴

- コートを脱ぐときバリバリ音を立てる
- 冬は髪が広がってまとまらない
- 冬のドアノブは恐怖

DATA

冬の風物詩

潤い度：★★☆
刺激度：★★☆
ホコリくっつく度：★★★

ここが
NG
ケア

安価の化学繊維の衣類は「静電気」を帯びる。肌はかゆくなりやすく、汚れも目立つ！

Check 1

安価の化学繊維は、肌とは逆の「マイナス」の電気を帯びている

冬になると肌が乾燥してかゆくなるなど「静電気」に悩まされるシーンが増えます。実はこれに拍車をかけているのが、冬に出番の増える**「アクリル」**や**「ポリエステル」**などの衣類なのです。人間の皮膚表面は「プラス」の電気、アクリルやポリエステルなどは「マイナス」の電気を帯びています。このように帯電性が逆同士の素材が接触すると、静電気が起きます。肌のまわりで静電気が起きると**「肌のかゆみ」**などにもつながります。

Check 2

静電気を帯びると服はかゆくなりホコリや髪の毛もくっつきやすい

人間にとって静電気は刺激です。一部の界面活性剤に皮膚刺激があるのは、静電気を帯びるからだとお伝えしました。衣類も静電気が起きると刺激を生じ、敏感肌の人は肌がかゆくなることもあります。また静電気を帯びる素材は、ホコリや髪の毛が付きやすく、見た目も美しくありません。

敏感肌の人や、上質なおしゃれを楽しみたいオトナ女子は、皮膚表面と同じくプラス側に帯電している**「綿」**や**「ウール」**などが◎。

かずのすけ格言　ホコリの目立つ服は安物の化繊だと一目瞭然。

静電気（刺激）が起きる素材をチェック！

ザックリまとめると……

- アクリル、ポリエステル、ポリウレタン＝皮膚とは逆の「－」に帯電。静電気（刺激）が起きやすい。
- 綿、ウール、麻などの天然素材＝皮膚と同じく「＋」に帯電しており、静電気（刺激）が起きにくい。
- 化学繊維でもナイロン、レーヨン（キュプラ）は「＋」に帯電しており、静電気（刺激）が起きにくい。

CHECK 1

静電気（刺激）が起きにくい優良素材

プラスの電気を帯びた素材と、マイナスの電気を帯びた素材が接触すると「静電気」が起きます。

逆に同じ帯電性同士なら、静電気は起きません。「綿」「ウール」「絹」「麻」などの天然繊維は、皮膚と同じくプラスに帯電しており◎。化学繊維はマイナス側が多いですが「ナイロン」「レーヨン（キ

さまざまな素材の帯電性

下の表は、さまざまな素材の「帯電性」を序列化したものです。配置が遠い素材同士ほど「静電気」を帯びやすくなります。「人などの皮膚」は比較的プラス側にあり、「ポリエステル」などの化繊とは帯電性がかけ離れていることがわかります。

［帯電列］ 配置が遠い素材同士ほど静電気を帯びやすい。

帯電しやすい（プラス（＋）に帯電）←　**帯電しにくい**　→**帯電しやすい**（マイナス（−）に帯電）

空気／人毛・毛皮／ガラス／羊毛／ナイロン／レーヨン／鉛／絹／木綿／麻／木材／人などの皮膚／ガラス繊維／銅／エボナイト／銀／クロム／アルミニウム／紙／亜鉛／アセテート／ニッケル／金／ゴム／ポリスチレン／白金／ポリプロピレン／ポリエステル／アクリル／ウレタン／ポリエチレン／セロファン／塩化ビニール／テフロン

- 化繊でも「ナイロン」や「レーヨン（キュプラ）」などは静電気を帯びにくい。
- 人の皮膚はプラスに帯電しやすく、化学繊維の多くはマイナスに帯電しやすい。
- 人肌に刺激を与えにくいのは、天然繊維である「綿」「絹」「毛」「麻」。

ュプラ）」はプラス側です。

CHECK 2

混合素材は「毛玉」にも注意

帯電性がプラスとマイナスの素材を混ぜた衣類は、皮膚に触れなくても、素材同士の間で静電気が起きます。しかも静電気によってお互いの繊維がくっつき、それが徐々に大きくなって毛玉になります。

「ウール100％のコートは高いから、少しくらいアクリルやポリエステル入りでもいいよね」という妥協は△。「毛100％」のアイテムは高価ですが、しっかりお手入れすれば長持ちする分、お得かもしれません。

身のまわりの素材はココに注意して選ぶ

ザックリまとめると……

- 化粧品は優秀な化学成分も多いが、繊維は天然系を選ぶのが間違いない（ナイロン、レーヨンはＯＫ）。
- 帯電性が逆の繊維同士が接触した場合も、静電気が起きる。天然繊維には天然繊維を組み合わせよう。
- 服は表地だけでなく、裏地もチェック。表地が良い素材でも、裏地がポリエステルだと静電気が起きる。

CHECK 1

スカートが足に張り付く原因

ストッキングは「ナイロン」の割合が多いアイテムです。ナイロンは優良素材ですが、プラスの帯電性が強く、アクリルなどのスカートだと、静電気が起きて足に張り付く原因に。ナイロンと同じ帯電性である天然素材（綿・毛等）、またはレーヨン、ナイロンのスカートを選べば大丈夫です。

身近なアイテムの素材

肌が敏感な人は、普段使っている身のまわりアイテムの素材にもこだわりましょう。

肌に触れるインナー

「綿」や「絹」がベスト。「ナイロン」や「レーヨン」もOK。ちなみに吸湿保温系のインナーは化繊が中心なうえに、言われるほどの温感効果はなし。天然繊維はもともと吸湿して発熱する繊維ばかりなので、綿で充分！ 綿に少量の毛を混ぜたインナーは肌に優しく、保湿効果も◎。

ヘアブラシ

プラスチック製は静電気が起きやすいので「動物毛（豚毛など）」がベスト。

メイクブラシ

ナイロン（高級タクロンなど）よりも、さらに皮膚に近い素材の「動物毛（馬毛など）」が◎。

冬物のアウター、マフラーなど

「ウール（毛）」や「カシミア(*)」が◎。アウターの場合、裏地は同じプラスの帯電性の「キュプラ（レーヨン）を。

＊カシミア…カシミアヤギから微量に採集できる保湿&保温性抜群の高級ウール。ただし安価なカシミアだと毛足が短く毛抜けしやすいものや、少ない毛量をスカスカに編み込んでいて保温性が低いものも。適当なカシミアを買うくらいならしっかり編み込まれた普通の「毛」のほうが良い場合もあります。

ヒート系で肌が乾燥！？

「ヒート系の化繊肌着は『吸湿発熱素材』だから肌の水分を吸収して肌が乾燥する！」という噂がありますが、これは誤りです。化繊の繊維はプラスチックを繊維状にした素材で吸湿力は非常に低い素材です。化繊による肌のかゆみは帯電摩擦による接触皮膚炎と考えるほうが自然です。また、プラスチックは油と仲良しなので、水分ではなく「皮脂」を奪いやすい性質があり、これが乾燥の原因と考えられています。

CHECK 2

アウターは裏地も忘れずにチェック

高価なウールやカシミア製のコートでも、裏地が「ポリエステル」だと静電気が起きます。

天然素材のアウターなら、裏地は「キュプラ（レーヨン）」が理想。ポリエステルは湿気がこもりやすいのに対し、キュプラは吸湿性が高く、さらっと着られます。

なお、裏地がキュプラのアウターに「アクリル」のニットなどを合わせると、着脱時に猛烈な静電気が発生します。アクリルのマフラーなども、髪が逆立つので注意しましょう。

「バスタオル」は1回使っただけで菌だらけ？

やっぱ細菌がいるわけだし、
毎日洗うのが一番安全だよね
心配性
最近
肌荒れが
すごく
気になっている
朝早く起きて
リネン類の取り替えをし、
朝ご飯とともに
インスタup。
ハッシュタグは #朝活

バスタオル・枕カバー毎日取り替え女子

特徴

- 毎日取り替えなきゃ気が済まない
- やたらとリネンのストックが多い
- 洗い過ぎてゴワゴワのリネン

DATA

顔ダニも怖い！

潤い度：★★☆
刺激度：★☆☆
リネンのストック度：★★★

ここが
NG
ケア

昨今の女子は、みんな「菌」を敵視し過ぎ！バスタオルの菌は、ほぼ「皮膚常在菌」

Check 1

皮膚常在菌が増殖しても通常の範囲なら悪影響はない

「バスタオルは１回使っただけでも菌だらけだから洗濯すべき！」という声をよく聞きます。しかし使用後のバスタオルにいる菌は、自分の肌にいた**「皮膚常在菌」**がほとんど。それがタオルに含まれる水分や汗を食べて増殖しても、通常の範囲なら問題ありません。

もちろんにおいが気になったら洗ったほうが良いですが、**１回で洗濯しないと雑菌だらけで不衛生というのは少し潔癖気味かもしれません。**

Check 2

枕カバーの皮脂も心配無用。そんなことより洗濯方法が肝心！

枕カバーなども、**汗やにおいが気になったら洗えばいいだけのこと。**「枕カバーに皮脂が蓄積してニキビになる」と心配する人もいますが、顔全体の皮脂量に比べれば、枕から顔に移る皮脂量なんて、取るに足らないもの。

洗濯の頻度はもちろん自由で、毎日でもＯＫ！　ただ、そうすると繊維がすぐにゴワつくので**「柔軟剤」**をたくさん使いがち。こっちのほうが大問題です！　菌のことよりも、次のページから洗濯方法に注意しましょう。

かずのすけ格言　菌より柔軟剤を心配しなさい。

残念暮らしケア女子図鑑

03

衣類は全て「おしゃれ着用洗剤」で洗えばよし

洗濯の洗剤、洗っても残る気がして
なんか怖いんだよね。かゆくなりそう
一度疑い出すと
ずっとその内容について
web記事あさりまくる
次の給料が入ったら
シルクのパジャマを買う
ウンナナ●ールの
下着が好き
前は
グルテンフリーについて調べていた
下着は
コットン100%

洗濯洗剤の残留不安女子

特徴

- 「人にも自然にも優しい」が理想
- 界面活性剤のことはよく知らないけど、多分悪！
- ナチュラルな生活に興味がある

DATA

エコ洗剤派！

潤い度：★★☆
刺激度：★★★
界面活性剤
嫌悪度：★★★

ここが
NG
ケア

洗濯洗剤の界面活性剤を避けるのは的外れ。「柔軟剤」を使っている限りなにも変わらない

Check 1

洗濯洗剤は「添加物」と「ジェル型洗剤」を避けよ

「洗濯洗剤の界面活性剤が心配」という声もありますが、洗濯洗剤の界面活性剤は、ほぼ洗い流されるので、皮膚刺激の原因になることは少なめです。残留して皮膚刺激を招くのは、主に**「酵素」「蛍光増白剤」「抗菌剤」「柔軟剤」**などの添加物です。「香料」は多いとアレルギーの原因にもなります。

ただし**「ジェル型洗剤」**は、粘性の高いゲル化剤で固めていて、添加物も、界面活性剤も残留しやすく絶対におすすめしません。

Check 2

洗濯による肌トラブルはだいたい「柔軟剤」が真犯人！

ジェル型洗剤は、おいしそうに見えるのか、海外では乳幼児が食べて死亡する事件まで起きています。小さい子どもがいる場合は、なおさら注意が必要です。

「じゃあジェル型以外で、酵素・蛍光増白剤・香料が無添加な洗剤を選べば解決ね！」とはいきません。洗濯による肌トラブルの原因は、実は**洗剤よりも圧倒的に「柔軟剤」が多い**のです。柔軟剤を使わない洗濯方法を、本書でおさえましょう。

かずのすけ格言　柔軟剤を規定量の２倍も３倍も入れるのは言語道断。

「洗濯洗剤」の注意するべき成分

ザックリまとめると……

- 洗濯洗剤の「界面活性剤（洗剤）」は衣類に残留しづらく、皮膚刺激の原因にはなりにくい。
- 残留しやすく、皮膚刺激を生じるのは「酵素」「蛍光増白剤」「香料」「抗菌剤」などの添加物。
- 衣類がゴワつく洗剤は「柔軟剤」が必要だが、柔軟剤には皮膚刺激がある。これが最大の問題。

CHECK 1

肌荒れの原因は界面活性剤ではない

洗濯洗剤の「界面活性剤」はさほど衣類に残留せず、皮膚刺激の心配は少なめです。

残留性が高く、皮膚刺激の懸念があるのは「酵素」「蛍光増白剤」「抗菌剤」などの添加物がメインです。「香料」は多いとアレルギーのリスクもあります。

洗濯洗剤が刺激になる要因

洗濯洗剤の皮膚刺激は、界面活性剤よりも以下のことが原因といえます。

原因❶　柔軟剤を併用している

衣類がゴワつく陰イオンタイプの洗剤（通常の液体タイプ・粉末タイプの衣類洗剤、石鹸系洗剤）は「柔軟剤」が必要。柔軟剤は「陽イオン界面活性剤」が主成分なので皮膚刺激が強い。

原因❷　添加物が入っている

「酵素」「蛍光増白剤」「抗菌剤」「香料」などの添加物が残留し、皮膚刺激やアレルギーの原因となる。

→これらの原因を排除すれば、
洗濯による皮膚刺激をぐっと軽減できる！

CHECK 2

洗濯洗剤の添加物の問題点

洗濯洗剤によく使われる「酵素」は、汗や皮脂など「タンパク質」系の汚れを分解するものです。繊維に吸着するので、衣類への残留性も高めです。酵素が残留した衣類を着ると「角層」が分解され、敏感肌の人は肌荒れすることもあります。

　また、「蛍光増白剤」も残留しやすく、これは紫外線などを受けると発光する性質があります。このような「化学反応」は皮膚刺激を伴うので、肌荒れやアレルギーの原因にもなります。

洗濯洗剤の「界面活性剤」は3タイプ

ザックリまとめると……

- 陰イオン界面活性剤（普通の洗濯洗剤）：安定的な洗浄力だが、繊維がゴワつき、柔軟剤が必須。
- 非イオン界面活性剤（おしゃれ着用洗剤）：繊維を一切傷めないので、柔軟剤がいらない。
- 石鹸（陰イオン系の一種）＝洗浄力は高いがアルカリ性のため毛や絹を洗えない。残留性も高め。

CHECK 1

陰イオン界面活性剤だと柔軟剤が必須

一般的な洗濯洗剤は、洗浄成分に「陰イオン界面活性剤」を使っています。そのため衣類がマイナスの静電気を帯びてゴワつき、プラスの静電気を与える「陽イオン界面活性剤」を入れた柔軟剤で中和する必要があります。陽イオン界面活性剤は刺激が強めなので、この成分を主成分としている「柔軟剤」のほうが、洗

洗濯洗剤の「界面活性剤」３分類

洗濯洗剤に使われる界面活性剤は次の３つに分類できます。

△陰イオン界面活性剤（通常の洗濯洗剤）　柔軟剤が必要

例）界面活性剤（高級アルコール系）」「直鎖アルキルベンゼンスルホン酸ナトリウム」など

［長所］
・どんな汚れにも安定的に、高い洗浄効果を発揮する
・少量でも優れた洗浄力を持つ
・中性なら動物性繊維（ウール、シルクなど）も洗える
・消臭・殺菌効果も少しあり

［短所］
・ガンコなタンパク質汚れ（襟垢など）や油汚れは落とせない場合もある
・繊維がゴワつくので柔軟剤が必要

△石鹸系　柔軟剤が必要（クエン酸などでも可）

例）「純石鹸分」「脂肪酸ナトリウム」など

［長所］
・洗浄力が高く、特に皮脂汚れ・タンパク質汚れ（襟垢等）に有効
・上手に洗えば、クエン酸等を利用すると残留した脂肪酸によってなめらかで弾力のある質感に

［短所］
・残留した石鹸カスが異臭を放つ場合がある
・アルカリ性なので動物性繊維は一切洗えない

○非イオン系　柔軟剤がいらず、デメリットも少ない♪

例）「界面活性剤（非イオン系）」「ポリオキシエチレンアルキルエーテル」等

［長所］
・繊維をほぼ傷めずに洗える（動物性繊維もOK）
・油汚れを落とすのが得意
・洗い上がりの手触りや風合いが良い
・残留しても皮膚刺激ゼロ

［短所］
・タンパク質汚れや粒子汚れには洗浄効果が低い
・消臭・殺菌作用がない（においが出やすい）
・該当商品が少ない

濯による肌トラブルを引き起こしやすいのです。

CHECK 2

柔軟剤いらずの非イオン界面活性剤

一方、衣類をゴワつかせず、柔軟剤を必要としないのが「非イオン界面活性剤」です。これは静電気を帯びず繊維を一切傷めないので、ウールやシルクも洗える「おしゃれ着用洗剤」に使われています。

かずのすけ語録

おしゃれ着用洗剤一本あれば柔軟剤は不要

敏感肌のための「洗濯方法」徹底解説！

ザックリまとめると……

- 基本的には「おしゃれ着用洗剤（非イオン界面活性剤）」を。ウールやシルクも洗えて便利。
- ただし殺菌効果はないので、においが気になったら月1回ほど「酸素系漂白剤」の併用を。乾燥も◎。
- ガンコな汗ジミや食べこぼしには、部分汚れ専用の洗剤（部分用漂白剤等）をスプレーして洗う。

CHECK 1

普段の洗濯こそおしゃれ着用洗剤で

普段の洗濯は、基本的におしゃれ着用洗剤が一本あればOK。繊維を全く傷めないので、柔軟剤は不要です。むしろ、おしゃれ着用洗剤に柔軟剤を入れる意味はありません。

しかも皮膚刺激もないので、ウールやシルクに限らず、肌に触れる下着やタオルにこそ積極的に活用しましょう。

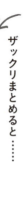

敏感肌のための洗濯メソッド

敏感肌の人は次の方法で洗濯してみましょう。

普段は……

おしゃれ着用洗剤１本で洗濯！　柔軟剤はなし♪

においが気になったら…？　月１～２回ほど「**酸素系漂白剤**」の併用を。

おしゃれ着用洗剤 ＋ 酸素系漂白剤で洗濯（すすぎ１回）

➡ その後、おしゃれ着洗剤のみで洗濯（すすぎ１回）

おしゃれ着用洗剤の「非イオン系界面活性剤」は、繊維や肌に優しい分、「殺菌作用」がありません。ずっとおしゃれ着用洗剤１本だと、衣類のにおいが気になることもあります。その場合は、月１～２回ほど「酸素系漂白剤」の併用がおすすめ。酸素系漂白剤は、消毒剤の「過酸化水素（オキシドール）」が配合されており、除菌にも使えます。アトピー肌の人は、除菌剤の残留を防ぐためにできれば洗濯完了後、おしゃれ着用洗剤でもう１回洗うと安心。ただし繊維が傷みやすいので、頻繁に使うのは避けましょう。また、ドラム式洗濯機で乾燥させれば、高温で雑菌が死滅するのでにおいは気になりません。

ガンコな汚れには……　汚れの部分には、**専用の洗剤をスプレー**！

おしゃれ着用洗剤は、ガンコなタンパク質汚れを落とすのは苦手。汗ジミ、食べこぼし、泥などが付いた部分には、ガンコな部分汚れ専用のスプレー洗剤を活用すると◎。その後、しっかり２回以上すすぎましょう。なお、陰イオン界面活性剤は「直鎖アルキルベンゼンスルホン酸Na（LAS）」が主流ですが、より上質なのは「ラウレス硫酸Na（AES）」です。

CHECK 2

おしゃれ着用洗剤は商品選びに注意を！

おしゃれ着用洗剤は、まだ種類が少ないのですができるだけ香料のにおいが残りにくいものを選びましょう。

ただし、陰イオン界面活性剤（直鎖アルキルベンゼンスルホン酸Ｎａ等）や、柔軟剤（第四級アンモニウム塩等）が入った商品もあり、これでは台無しなので、成分の確認をしましょう。

かずのすけ語録

おしゃれ着用洗剤は肌にも繊維にも優しい超画期的な洗剤！

柔軟剤をやめると「アトピー肌」が治る人もいる

男は柔軟剤の香りが好きなんだから
香水みたいな感じで使っちゃお〜
「いい香り、香水つけてるの？」
「これ？いや柔軟剤」
のやりとりに憧れている
考え方が
汚ギャル
規定量の2倍は入れる
海外製の
香りの強いものが好き
2倍入れたら柔らかさも2倍♪
2倍入れたら柔らかさも2倍♪
柔軟剤入れ過ぎ女子

特徴

- いつも“気持ち多め”に入れている
- 柔軟剤選びの決め手は「香り」
- 海外のドデカイサイズをコス●コで購入

DATA

香水代わりに柔軟剤

潤い度：★☆☆
刺激度：★★★
香害度：★★★

ここがNGケア

敏感肌なら柔軟剤は手放し、必要なときは低刺激タイプを。肌が強い女子も香害に注意

Check 1

敏感肌の人や乳幼児には基本的には柔軟剤を使わない！

実際のところ柔軟剤の刺激レベルは、洗濯洗剤の比ではありません。敏感肌やアトピー肌、子ども、体がよくかゆくなる人は、これまでの話を参考に柔軟剤の使用を見直し、必要なら**低刺激タイプ**を選んでください。アトピー肌は、柔軟剤をやめると回復していくケースも非常に多く見られます。

なお、**赤ちゃんに柔軟剤はできれば避けたいところ**。低刺激タイプならまだしも、普通の柔軟剤は大人の肌にも刺激が強いのです。

Check 2

肌が強いなら柔軟剤もＯＫだけど「香害」トラブルには注意

肌が丈夫な人は、柔軟剤を使ってもＯＫ。ただ、最近の柔軟剤は「香料」が多いので、香りが過剰にならないように注意しましょう。

これは自分のアレルギー防止の他、周囲のためでもあります。香りを感じるのは、香料の芳香物質が、鼻から体内に入るからです。**「化学物質過敏症」**や**「香料アレルギー」の人**は、職場や電車内など近くにいる可能性もあります。香りをムンムン漂わせると、アレルギー症状で苦しむ人もいることを忘れずに。

かずのすけ格言　私のアトピー卒業も〝柔軟剤卒業〟が決め手でした。

柔軟剤はなぜそんなに悪いのか？

ザックリまとめると……

- 柔軟剤の「陽イオン界面活性剤」は、洗濯洗剤の「陰イオン界面活性剤」より数倍〜数十倍毒性が強い。
- 繊維に吸着して油の質感を与えるので「残留」するのが前提。繊維の吸水性も下がる。
- 香料も残留しやすい。近くに香料アレルギーの人がいる場合、芳香物質は避けようがないので配慮を。

CHECK 1

陽イオン界面活性剤はかなりの毒性！

洗濯洗剤は「陰イオン界面活性剤」を使っているので、衣類がマイナスの静電気を帯びてゴワつきます。そこで「陽イオン界面活性剤」でプラスの電気を与えて中和するのが柔軟剤です。

陽イオン界面活性剤は高刺激の「第四級アンモニウム塩」が主で、陰イオン界面活性剤の数倍〜数十倍の毒性が。

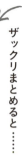

「第四級アンモニウム塩」とは

衣料用柔軟剤には「第四級アンモニウム塩」という強力な陽イオン界面活性剤のうち以下の表にある「ジアルキル型」が使用されています。

タイプ	種類	成分の名称	主な用途	性質	毒性・刺激
第四級アンモニウム塩	ベンザルコニウム型	塩化ベンザルコニウム（ベンザルコニウムクロリド） 塩化ベンザトニウム（ベンゼトニウムクロリド）	・殺菌剤 ・除菌剤 ・抗菌剤 ・逆性石鹸 ・消臭剤	高い殺菌力を持っていて、生体への毒性が強い。医薬品・医薬部外品用殺菌剤や手指用消毒剤などとして利用されている。	非常に強力
	ジアルキル型（～ジモニウム○○）	ジステアリルジモニウムクロリド ジセチルジモニウムクロリド ジココジモニウムクロリド ジデシルジモニウムクロリド ジラウリルジモニウムクロリド セテアルジモニウムクロリド イソステアリルラウリルジモニウムクロリド	・柔軟剤 ・ヘアコンディショニング剤 ・帯電防止剤 ・抗菌剤	繊維用柔軟剤として、エステル化した「エステル型ジアルキルアンモニウム塩」が利用される。	強め
	モノアルキル型（～トリモニウム○○）	アルキルトリモニウムクロリド ココトリモニウムクロリド ステアルトリモニウムクロリド ステアルトリモニウムブロミド セトリモニウムクロイド セトリモニウムブロミド ベヘントリモニウムクロリド ラウリルトリモニウムクロリド ラウリルトリモニウムブロミド	・帯電防止剤 ・抗菌剤 ・ヘアコンディショニング剤	シャンプーによって起こるマイナスの静電気に対して、プラスの静電気でもって吸着し、髪の帯電を防止し髪を柔らかくする作用を与える。主にヘアリンスやトリートメントなどの帯電防止剤・毛髪柔軟剤として利用されている。	強め

陽イオン界面活性剤は、柔軟効果も刺激も強力な「第四級アンモニウム塩」と、わりと穏やかな作用の「第三級アミン塩」の2つに大別されます（第三級アミン塩については次のページへ）。

CHECK 2

柔軟剤は「残留」するから効果がある

柔軟剤で衣類がなめらかになるのは、成分が繊維表面に吸着して油の質感を付与しているからです。つまり繊維に成分が「残留」していて、油性が上がるので柔軟剤を使うと繊維の「吸水性」も低下します。

また、柔軟剤の「陽イオン界面活性剤」は刺激が強く、衣類に残った成分が汗に溶け出し、皮膚に刺激を与える原因にもなります。

最近の柔軟剤は増粘剤で香料の残留性を高めているので要注意。

柔軟剤が必要なときはこの「界面活性剤」を選ぶべし

ザックリまとめると……

- 柔軟剤の陽イオン界面活性剤は「第四級アンモニウム塩」「第三級アミン塩」の2種類に大別される。
- 柔軟剤は、ほぼ第四級アンモニウム塩（エステル型ジアルキルアンモニウム塩など）。効果&刺激大！
- 低刺激な「第三級アミン塩」や、例外的に「両性イオン界面活性剤」を用いた柔軟剤も。使うならこれ！

CHECK 1

低刺激タイプの柔軟剤もあり

「おしゃれ着用洗剤」で洗えば柔軟剤は不要とはいえ、汚れがひどい場合は普通の洗剤＋柔軟剤で洗いたいときも。

そんなときは低刺激タイプの柔軟剤が◎。最近は第四級アンモニウム塩ではなく「第三級アミン塩」や「両性イオン界面活性剤」を使った優しい柔軟剤もあります。

わりとマイルドな柔軟剤の成分

市販の柔軟剤の一部には「第三級アミン塩」や「両性イオン界面活性剤」を使ったわりと低刺激なタイプもあります。

第三級アミン塩

コカミドプロピルジメチルアミン、
ステアラミドプロピルジメチルアミン など

「第三級アミン塩」は2種類ありますが、衣料用柔軟剤に使われるのは主に「脂肪族アミドアミン塩」という種類で、「〜ジメチルアミン」という成分を使ったタイプです。

柔軟剤の成分表示では……

例）「アミド型アルキルアミン塩」

「アミド型」や、「アミン塩」と付く界面活性剤はこれの可能性大！

両性イオン界面活性剤

コカミドプロピルベタイン、ラウラミンオキシド、
ココアンホ酢酸Na など

「両性イオン界面活性剤」は通常、ベビーソープなどに使われる低刺激な洗浄成分。ですが、酸性環境では陽イオン（カチオン）性を帯びて柔軟作用を発揮できるので、これを利用した柔軟剤も少しあります。

柔軟剤の成分表示では……

例）アルキルイミダゾリン型カチオン

分類名の「アミンオキシド」「アミドベタイン」「イミダゾリン」などが付く成分名！

＊両性イオン系は構造中にアニオン（陰イオン性の）部分とカチオン（陽イオン性の）部分の2つを持っており、酸性やアルカリ性などのpHによってアニオン型・カチオン型の性質に変わる。酸性側に傾けるとカチオン性を帯びるので酸性の両性イオン界面活性剤は陽イオン界面活性剤の代わりとして働く。「アルキルイミダゾリン型カチオン」とは「カチオン型の両性イオン界面活性剤だよ」という意味。

CHECK 2

パーフェクトな柔軟剤はありえない

一般的な柔軟剤と比べれば、「第三級アミン塩」や「両性イオン界面活性剤」の柔軟剤は、ふわふわ感が物足りない。でも繊維のゴワつきは、充分解消できます。肌のためにはこちらが正解です。

ただし皮膚刺激や吸水性ダウンのリスクがあることを忘れずに！

かずのすけ語録

低刺激とはいえ、使いどころを考えて賢く使おう

「消臭スプレー」でにおいは消えるが不安は残る

洗濯の代わりに消臭スプレー女子

特徴

- 「消臭スプレー」＝「洗濯」
- すごい勢いでシュッシュッシュッシュッ！
- 洗わずに99%除菌とか、マジ神

DATA

極力洗濯しない

潤い度：★☆☆
刺激度：★★★
消臭スプレーへの期待度：★★★

ここがNGケア

なんでもかんでも消臭スプレーをシュッシュ！「これで洗濯しなくても安心♪」は大間違い

Check 1

消臭スプレーに入っている「除菌剤」は陽イオン界面活性剤

洗濯が難しい服や布団などに便利なのが、吹きかけるだけで除菌・消臭ができるスプレー。しかし便利だからって、ところかまわずシュッシュするのは考えものです。

衣類・布製品用の消臭スプレーは、**家庭用品表示法の対象外なので、「除菌剤」**などざっくりとした成分名しか書かれていません。しかし、これには**毒性や刺激のある陽イオン界面活性剤（第四級アンモニウム塩）**が使われているケースが多いのです。

Check 2

消臭スプレーの成分は蓄積する。肌に触れるアイテムへの多用は×

消臭スプレーの界面活性剤はほとんど揮発しないので、同じ部分に繰り返し噴射していると蓄積します。肌に直接触れないカーテンやコートなどに使う分には平気ですが、**寝具などは注意が必要**です。その他のアイテムも、**子どもやペットがいる場合は、舐めてしまうことがあるので油断禁物。**なお、消臭スプレーでにおいが消えるのは、化学成分でにおい物質を「吸着」しているから。汚れがなくなるわけではなく、定期的に洗濯は必要です。

かずのすけ格言　消臭スプレーの〝丸洗い〟は誇大表現。

消臭スプレーの正しい選び方&使い方

ザックリまとめると……

- 消臭スプレーの成分表示にある「除菌剤」は、陽イオン界面活性剤を使うケース多数。これは刺激になる。
- 除菌剤だけよりも、低刺激な「両性界面活性剤」も併用した商品のほうが優しい（除菌効果も低くなる）。
- 界面活性剤は揮発しないので、洗わないアイテムに繰り返し使うと蓄積する。布団やソファへの多用は×。

CHECK 1

消臭スプレーの中身は謎だらけ

衣類・布製品用の消臭スプレーは「家庭用品品質表示法」の対象外なので、大まかな成分しか表示されていません。

消臭スプレーの中には、安全性の高い「緑茶」や「トウモロコシ」の成分を消臭剤として使ったタイプもありますが、さすがにこれだけではパワーが足りません。そこで「界面活性剤」の出番です。

【おさらい】界面活性剤の４分類

もっとも刺激が強い界面活性剤は、柔軟作用のある「陽イオン系」で、消臭スプレーの「除菌剤」はこのタイプ。優しめの「両性イオン系」も賢く併用した商品もあります。

〔刺激のある界面活性剤〕

陽イオン系

陽イオン系は種類が少なく、刺激の強い「第四級アンモニウム塩」が主流。しかし、刺激の低い「第三級アミン塩」も利用され始めている。

＊主に柔軟剤として利用され、リンスやトリートメントの主成分。触れた対象にプラスの静電気を与え、殺菌消毒作用がある。

陰イオン系

「石鹸」「ラウレス硫酸Na」などが有名だが、最近では静電気を与える力を弱めた「アミノ酸系界面活性剤」「酸性石鹸（カルボン酸系）」も誕生。

＊シャンプーの主成分。触れた対象にマイナスの静電気を与える。アルカリ性で、洗浄力が増強する。

〔刺激のない界面活性剤〕

両性イオン系

ベビーシャンプーや食品にも使われるほど安全。酸性で柔軟剤、アルカリ性で洗剤になる。

非イオン系

洗浄補剤や食品添加物として利用される。非常に安全性が高いが全て合成成分。親油性に優れ、脱脂力が高い。

なぜ優しい「両性イオン界面活性剤」で消臭できるの？

臭い物質はプラス、マイナスのどちらかの静電気を持っている場合が多々あります。両性イオン界面活性剤はプラス、マイナスどちらも帯電できるため臭い物質の電荷を中和して消臭しています。

CHECK 2

消臭スプレーの界面活性剤とは

消臭スプレーの「除菌剤」は、毒性のある「陽イオン界面活性剤（第四級アンモニウム塩）」を用いる場合が多いですが刺激度は成分によって差があります。

除菌剤の他、「両性イオン界面活性剤」という表示もある商品も。「界面活性剤だから危険」と思いがちですが、除菌剤一つに頼っているなら、それは陽イオン界面活性剤の中でも強力な成分である証拠。むしろ両性イオン界面活性剤は低毒性なので、これを上手に併用した商品のほうが優しいのです。

自己流のオーラルケアで口臭や虫歯が進行!?

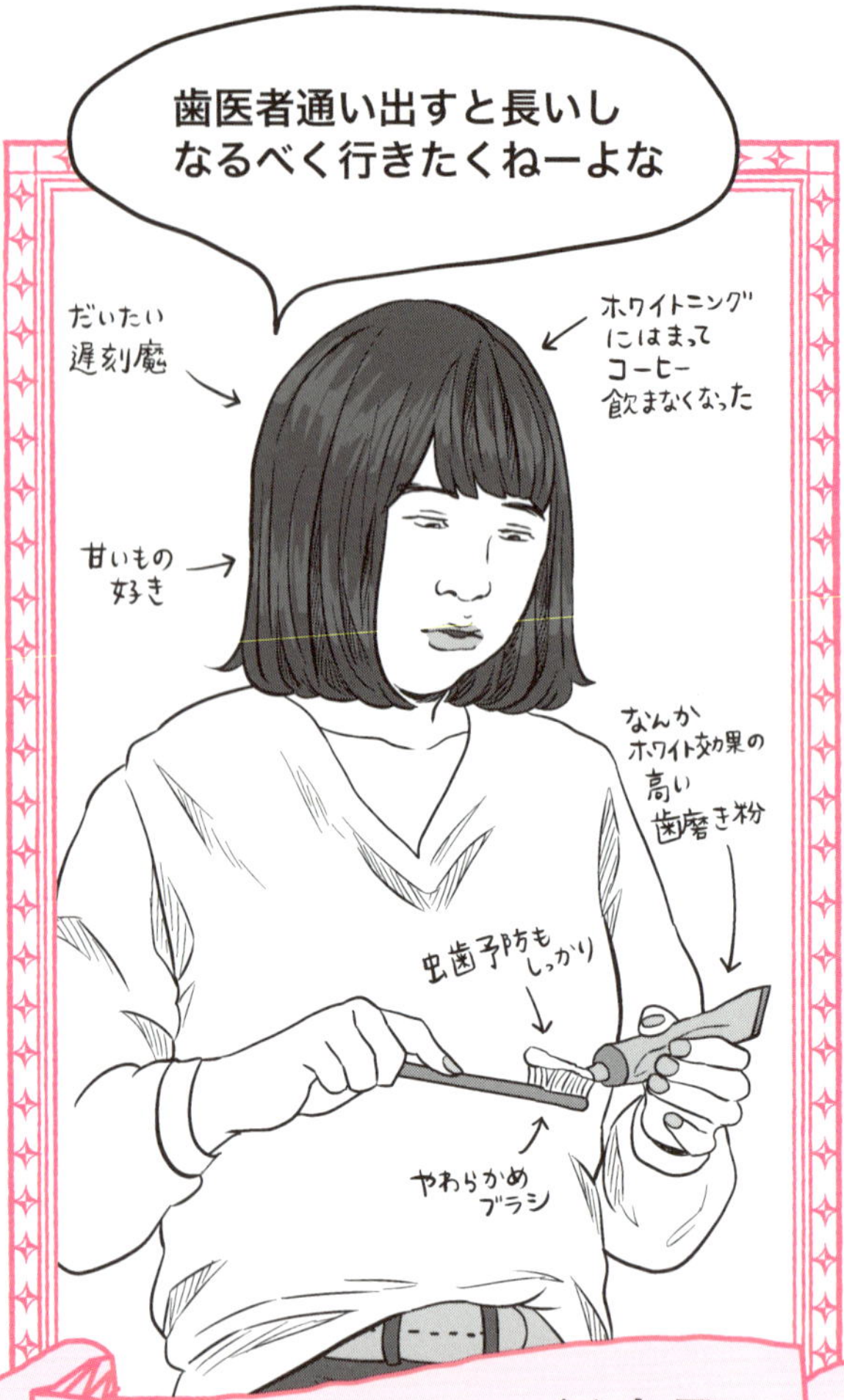

白い歯に自力で近づく女子

特徴

- アマ●ンでオーラルケア商品をポチる
- 歯磨き粉は1000円以上じゃないと怖い
- セルフホワイトニングに興味ある

DATA

歯医者に頼らない

潤い度：★★☆
刺激度：★★☆
家のオーラルケアの充実度：★★★

ここが
NG
ケア

歯磨き粉は基本的に安全。ただし歯や口の違和感は、市販品で自己対処しちゃダメ！

Check 1

大多数の歯磨き粉は危険性はないので安心を

市販の歯磨き粉は**「医薬部外品」**が大半で、**抗エナメル質を強化する「フッ素」**をはじめ、**抗炎症成分や抗菌剤などの「有効成分」**を配合しているのが一般的。**「ラウリル硫酸Na」などの界面活性剤**も入っていますが、濃度１％程度ですし、そもそも吐き出すので心配ありません。むしろ医薬部外品を長年使っていた人が「化粧品」の歯磨き粉に切り替えると、抗菌剤が入っていないので口の中が荒れる場合も。余計なことはしないのが得策です。

Check 2

知覚過敏用の歯磨き粉や刺激大のマウスウォッシュは注意

ただし、「知覚過敏」用歯磨き粉は危険です。これは**硝酸カリウムという「麻酔剤」**で、神経を麻痺させるので、敏感な人は舌がしびれる、口の中が荒れる、歯の深刻な痛みなどを見過ごすなどのリスクも否定できません。また刺激の強いマウスウォッシュは、強力な殺菌剤を何種類も入れている場合が。常用すると**口の中の雑菌に「耐性」がつき、口臭がかえって定着してしまう**おそれもあります。歯や口の悩みは、必ず歯科医に相談しましょう。

かずのすけ格言　お口の悩みは歯医者さんへ。

オーラルケア製品の成分はこれに注意！

ザックリまとめると……

- 界面活性剤は微量なので安心。ただラウリル硫酸Naが多いと、使用後30分ほど飲食がまずく感じる。
- 知覚過敏用の歯磨き粉は麻酔剤を入れている場合が。しびれ感が強く、歯の異常を見過ごすリスクも。
- 殺菌剤が何種類も入ったマウスウォッシュは、菌の耐性が付き、口臭がむしろ定着するおそれも。

CHECK 1

歯磨き粉の界面活性剤はOK

歯磨き粉に含まれる界面活性剤は微量なので、心配には及びません。

ただ、「ラウリル硫酸Na」はタンパク質変性作用があり、舌にある味蕾《みらい》(味覚の受容器官)を一部破壊します。配合量が多い商品は、使用後30分ほどは味覚が変わり、飲食などがまずく感じる場合

注意したいオーラルケア製品

次のオーラルケア製品は、安易に使わないように気を付けましょう。

市販の知覚過敏用歯磨き粉

「知覚過敏」用の歯磨き粉は、麻酔剤で知覚過敏をごまかすだけで、根本的な治療になりません。歯の深刻な痛みや疾患を見過ごすリスクもありますので、注意！

＊主な成分…『硝酸カリウム』

強力なマウスウォッシュ

市販のマウスウォッシュで、特に刺激感の強い商品は「塩化亜鉛」「塩化ベンザルコニウム」など、殺菌剤を何種類も入れているケースもあります。強力な殺菌剤を常用していると、口の中の菌に「耐性」が付いてしまう場合も。

＊主な成分…『塩化亜鉛』『塩化セチルピリジニウム』
『塩化ベンザルコニウム』

もあります。でもすぐにもとに戻るので気にならなければ神経質になる必要はありません。

CHECK 2

知覚過敏用の歯磨き粉に疑問

「知覚過敏」に効くという市販の某歯磨き粉は、なんと「硝酸カリウム」という麻酔剤で神経を麻痺させることで、知覚過敏をごまかしています。

かずのすけ語録

歯や口の悩みは自己流ケアよりすぐに歯医者へGO！

残念暮らしケア女子図鑑 07

「食器用洗剤」のダメージはどの商品を選んでも一緒

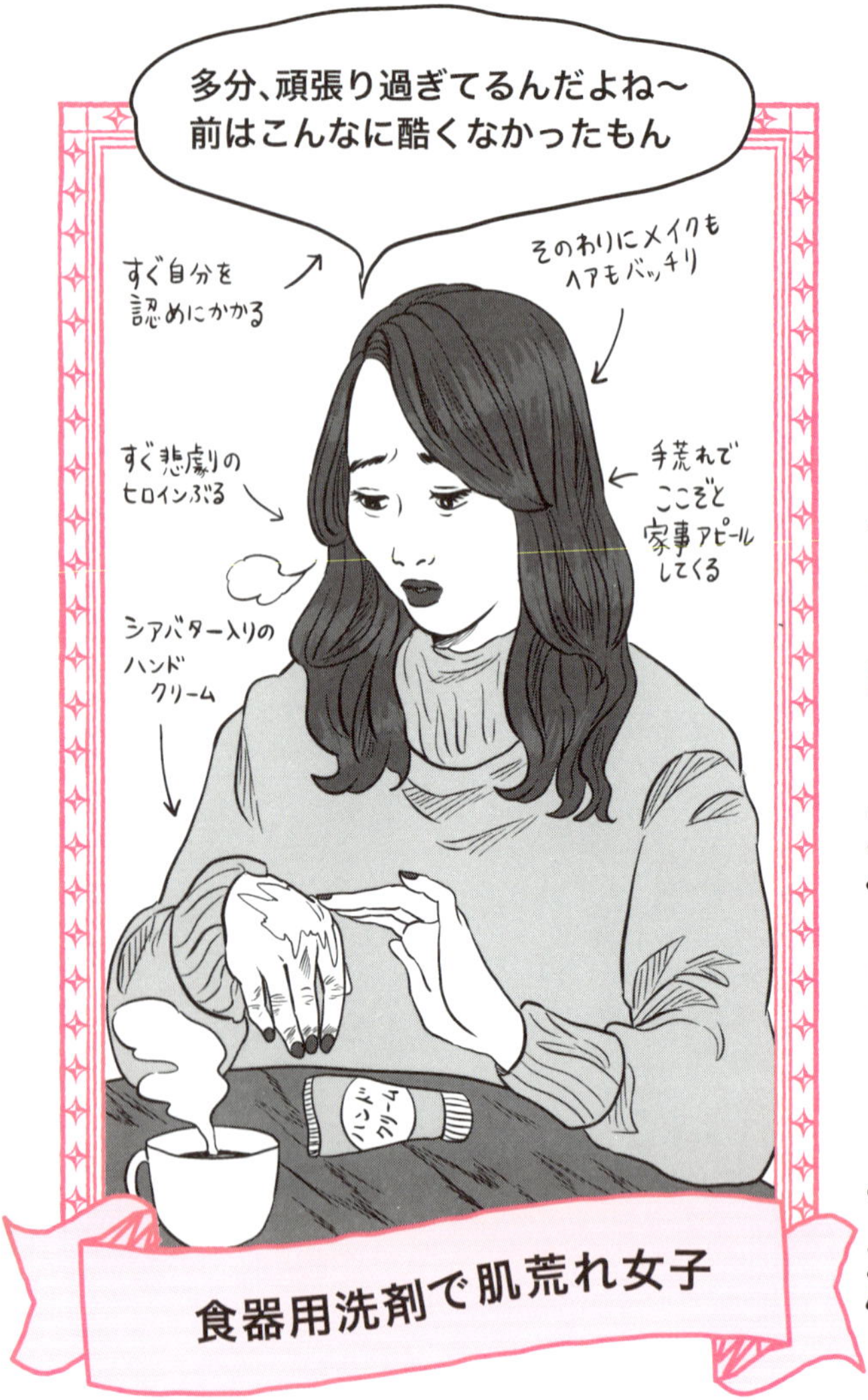

特徴

- 家中にハンドクリームを点在させている
- 冬はお湯で洗う
- 手荒れで家事アピールしちゃう

DATA

関節パックリ割れ

潤い度：★★☆
刺激度：★★☆
手荒れ度：★★★

ここが
NG
ケア

肌に優しい食器用洗剤に変えても、「手荒れ」の悩みは全く解決しない

Check 1

「食器用洗剤」は もれなく脱脂力が強烈

手荒れの最大の原因は、洗剤で**「角層」の保湿&バリア成分や皮脂膜を洗い流してしまう**からです。角層のバリアが弱まると、少しの刺激でも炎症を起こしてしまいます。

洗剤の中でも特に手荒れを深刻化させるのが**「食器用洗剤」**です。低刺激な「非イオン界面活性剤」などを使った食器用洗剤もありますが、食器にこびりついた油を落とすものなので、「脱脂力」はどれも強力です。たとえ低刺激な商品を選んでも、手荒れは治りません。

Check 2

手荒れの救世主は 「手袋」しかない！

手荒れには、**洗うたびに「手袋」を着けること**です。私も以前は手荒れがひどく、手全体が赤くてガサガサでした。しかし、手袋をしただけで、３ヵ月で治りました。

なお「ゴム手袋」は分厚いので、食器を触ったときに汚れ具合を把握しづらく、蒸れやすくて雑菌の懸念があり、また**ラテックスアレルギーの人はNG**です。使い捨ての「薄手のビニール手袋」のほうが、清潔で使い勝手が良く、アレルギーの人も少なくて◎。

かずのすけ格言　フォーク１本洗うにも、私はビニール手袋を使う。

「キレイな手」を叶える3カ条

ザックリまとめると……

- 食器用洗剤はなにを使っても手の潤いを奪う。「ビニール手袋」をして洗えば、安い洗剤でもへっちゃら！
- ハンドソープも多用に注意。「殺菌」「薬用」と書いていない、ベビーソープや弱酸性ボディソープを。
- 尿素入りのハンドクリームは角層を破壊する。保湿成分は、油脂（マカダミアナッツ油等）が◎。

CHECK 1

「尿素」配合のハンドクリームは×

「尿素」配合のハンドクリームは、たしかに肌が柔らかくなります。でも、これは尿素の「タンパク質変性作用」で固まった皮膚（＝タンパク質）を分解しているから。角層が薄くなって敏感になるおそれもあります。また、手にあかぎれがある場合、傷口のタンパク質にダメージを与えて炎症を悪化させる原因にも。

ハンドケアの方法

手荒れ防止には、下記のハンドケアを試してみてください。

● ハンドソープはコレ！

インフルエンザの時期は、洗浄力の高い普通の「石鹸」（薬用系は不要）を。普段はベビーソープなど手肌に優しいものをハンドソープ代わりに用いると◎。

● ハンドクリームはコレ！

「油脂」や「セラミド」配合のものを。油脂は皮脂と組成が近く、皮脂膜のはがれた手に最適。酸化しづらく、特に手肌になじみやすい「マカダミアナッツ油」がベスト。

● 食器用洗剤の使用時は「ビニール手袋」を

手荒れの特効薬は「ビニール手袋」。100枚セットなどで売っている、使い捨ての商品が便利。

コスパ抜群！

ボディソープをハンドソープにする方法

普段使っている「ボディソープ」を、泡で出てくるハンドソープ用のポンプに詰め替え、ハンドソープとして使ってもOK。ボディソープ50㎖に、水150㎖を加えて薄めれば、計200㎖のハンドソープの完成です。

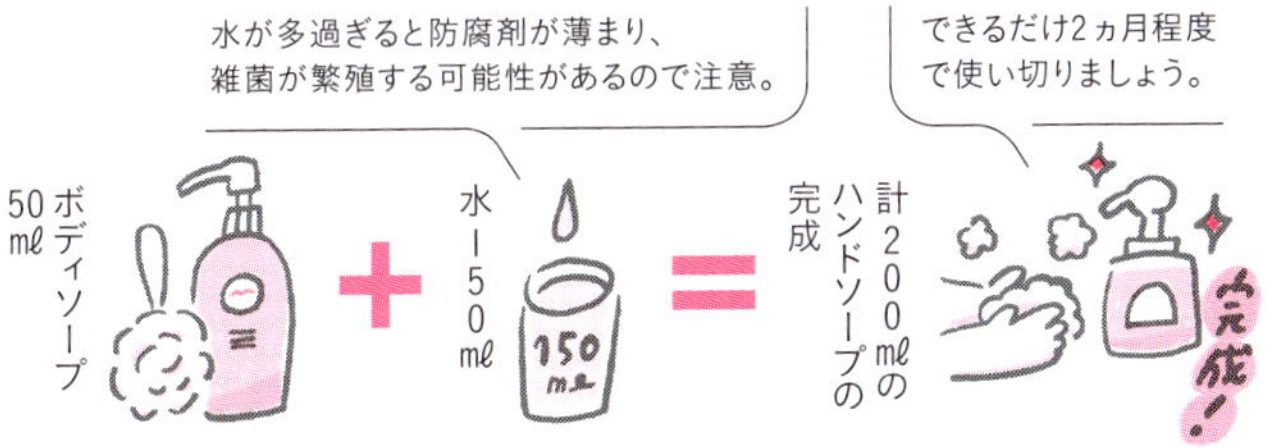
水が多過ぎると防腐剤が薄まり、
雑菌が繁殖する可能性があるので注意。
できるだけ2ヵ月程度
で使い切りましょう。
ボディソープ50㎖
水150㎖
150㎖
計200㎖のハンドソープの完成
完成！

CHECK 2

薬用ハンドソープが皮膚常在菌を殺す

ハンドソープのCMはやたらと「手は雑菌だらけ！」と脅してきますが、その菌はほとんどが「皮膚常在菌」。皮膚常在菌は肌や体の健康に不可欠なので、撲滅はいけません。「薬用」「殺菌」と書いてあるハンドソープは、皮膚常在菌を根こそぎ排除するのでNG。

そもそもウィルスやバクテリアは約40℃以上の「お湯」だけでほぼ落ちます。インフルエンザの流行時期だけは、普通の石鹸（薬用の必要なし）を使い、それ以外はベビーソープや弱酸性ボディソープなど手肌に優しいものをハンドソープ代わりに。

掃除用の洗剤はそんなに悪くない

我が家は掃除って言ったら重曹なの
色々入った化学製品よりいいのよ～
ちゃんとした生活をしている自分が好き
元委員長
ナチュラルメイクで素材売り
家中のそうじが重曹なので単位はキロで購入する
重曹
ホームセンターで先週買ったバケツ

肌荒れを気にして重曹掃除女子

特徴

- 掃除は全て重曹
- ボディケアも重曹
- スキンケアは手作り派

DATA

エコという名の節約

潤い度：★★☆
刺激度：★☆☆
100均で購入度：★★★

ここが
NG
ケア

洗浄力の低い重曹やセスキに頼らなくても市販の掃除用洗剤で良いのでは？

Check 1

重曹やセスキを使うのは良いが市販の掃除用洗剤のほうが便利

界面活性剤をおそれて、「重曹」や「セスキ炭酸ソーダ」で掃除する人が増えています。

しかし市販の洗剤は安全性が高く、使用上のルールを守って使っていれば、全く問題ありません。ちなみに**重曹は「炭酸水素ナトリウム」**、**セスキ炭酸ソーダは「炭酸ナトリウム」と「炭酸水素ナトリウム」の混合物**です。使っても良いですが、界面活性剤が入っていない分、**洗浄力は普通の洗剤には到底かなわない**と理解しておきましょう。

Check 2

バスタブ用洗剤は低刺激。すすぎ残しは心配無用

浴槽用の洗剤は「すすぎ残すと肌に触れるから心配」という声も。しかし浴室用洗剤の界面活性剤は、**刺激の低い「非イオン系」や「両性イオン系」が主流**で、濃度も5％前後と薄めです。万が一残留しても、バスタブにお湯を入れてより薄まると、界面活性剤の力を発揮しません。ちなみに浴室用洗剤は、バスタブに直接噴射せず、**水で濡らした浴槽ブラシに10プッシュ**くらいして使う手も◎。こうすると使用量が少なく、残留リスクも減ります。

かずのすけ格言　重曹やセスキでも、アルカリ性が強いと皮膚刺激も。

KAZUNOSUKE COLUMN 4

「アルカリ電解水」の洗剤って何者？

昨今は化粧品だけでなく、掃除用洗剤なども“自然派”が人気のようですね。そこで「界面活性剤フリーだから安心！」と言って売るために、むしろ界面活性剤よりも危険な成分を利用している商品があります。

その1つが、最近よく見かける「アルカリ電解水」の洗剤やお掃除シート。界面活性剤などがなにも入っていない“ただのアルカリ性の水”だから優しい、と思って使う人が多いのですが、単なる水がアルカリ性なわけがありません。成分表示に「水」だけしか書かれていなくても、鵜呑みにしてはいけません。特にpH=13以上など強力なアルカリのものには要注意！

この謎過ぎる水は、界面活性剤よりも断然危険な「水酸化ナトリウム」という劇物で作られている場合が。この成分は塩水に電気を通すだけで生成するため成分名が記載されていないか、意図的に成分を隠しているケースもあるようです。これらの強アルカリ性物質は目に入れば失明し、触れれば皮膚のタンパク質を溶かす非常に危険な物質です。子どもやペットがいる家庭では、肌に直接触れる床などに使うのはおすすめしません。

おわりに

「肌をキレイにしてくれるのは、自分の肌そのものだ」

多くの人は、肌は化粧品でケアしないと衰えていってしまうものだと思い込んでいますが、本当にそうでしょうか。化粧品をほとんど使ったことのない子どもの肌はとてもキレイだし、化粧品でケアしていない男性や、自分の身体でも化粧品を使っていない部位は案外キレイだったりしませんか?「手をかけてケアしたほうがキレイになる!」という考え方にはやっぱり疑問を覚えます。

肌は自分でキレイになる力を持っています。極端に言えば、放っておけば勝手にキレイになります。それにもかかわらず、世に肌荒れに悩む人が多いのは、本書で口を酸っぱくして言っている「やり過ぎケア」「ムダ美容」「肌に合わない成分の日用品を使用していること」が関係しているのではと考えます。

化粧品とは本来「肌の機能をそっと手助けするためのもの」であるべきです。化粧品は肌をキレイにするものではなく、肌機能では足りないものを補い、不要な汚れを落とすために使用するのが本来のあり方のはず。もちろんメイクアップのために使うこともありますが、肌の機能を邪魔してしまうようなものは正しいとは言えません。本書でそういった商品や美容法を見極める術を身に付けて頂けたらならなによりです。

かずのすけの発信する美容情報はまだまだ終わりません。これからも、皆様にとってためになる、あっと驚く美容の真実を探求し、伝えていきたいと思っています。基本的にはブログやこういった著書の形で発信していきますが、もしかしたら皆様の目の前で直接お話させていただく機会もあるかもしれません。オトナ女子シリーズも2冊目となりましたが、言いたいことはまだまだ尽きませんので、この続きは、ぜひまたそのときに。

2018年2月吉日　**かずのすけ**

索引

● 英数字

BG……17,137,140
DPG……140
SPF……43,44,46,48,112
UVA……44,47,109
UVB……44,47

● あ

アイメイクリムーバー……29,31
アイライナー……33
アクリル……199,200,202
麻……200
アセトンフリー……162
アトピー肌……167,213,214
アフターケア……112,114
アミノ酸系……17,96,101,142,145,146,174,233
アミノ酸系洗顔料……99
アモジメチコン……59,75,141
アルカリ性……68,93,100,142,145,146,173,174,181,196,210,219,223,233,234
アルガンオイル……4,17,51,167,169
アレルギー……47,60,62,65,67,68,73,79,85,86,133,138,159,160,207,208,215,216,229
アロマオイル……76
アンチエイジング……119
イソプロピルクロプロステネート……41
イソヘキデカン……31,29
医薬品……39,40,122,128,217
医薬部外品……39,114,119,121,122,124,128,136,138,151,217,225
陰イオン界面活性剤……71,95,96,97,99,101,137,142,183,210,213,216
ウール……71,199,200,203,211,212
ウォータープルーフ下地……35
ウォータープルーフマスカラ……28,30,32,35,37,55
ウレタンアクリレート……159,161
エステル油……73,74,99
エステルオイル系のクレンジング……101
エステル系オイル……5,59
エタノール……17,73,74,134,140,150,153,162
エチル系……80
塩基性……68
炎症……44,87,88,97,107,108,110,113,114,126,149,229,230
炎症ジミ……107,110
炎症性色素沈着……109
オイルクレンジング……83,101
オーラルケア……224,226
おしゃれ着用洗剤……71,206,210,212,218

● か

外資系コスメ……116
界面活性剤……5,49,56,58,63,74,96,101,102,105,137,142,153,169,171,174,183,199,208,211,218,225,226,233
角質……12,69,75,88,104
角質除去系成分……137
角層……61,91,92,93,121,126,209,229
家庭用品質表示法……221,222
カルボン酸系……17,97,101,145,147,174,223
環状シリコーン……59,75,141
肝斑……108,115
顔料……56,65,66,69
球状粉体……52
キューティクルオイル……165
旧表示指定成分……122,138
キュプラ……200,203
鎖状シリコーン……59,75,141

脂肪酸……93,145,167
シミ……12,45,51,104,106,108,110
シミ消しコスメ……106
ジメチコン……59,75,141
弱酸性……68,92,101,145
弱酸性シャンプー……180
シャンプー……171,172,174,176,181,183
重曹……232
柔軟剤……137,205,207,208,211,214,216,217,218
収れん剤……137,149,150
縮毛矯正……172,178,180,186
樹脂……85,161,165
硝酸カリウム……225,227
消臭スプレー……220,222
除菌剤……221,222
除光液……162
食器用洗剤……70,228,230
シリカ……53
シリコーン……35,55,73,74,75,169
浸透性……62
真皮層……127
水添ポリイソブテン……31,141
水分量……91
水分量診断……90
水溶性ポリマー……32,35,193
スクワラン……140
ステロイド……110
制汗剤……148
静電気……71,97,198,200
整髪料……169,174
成分表示……136
精油……73,74,76,77
セスキ……233
セスキ炭酸ソーダ……233
石鹸系の洗顔料……101
石鹸で落とせるコスメ……98,102
背中ニキビ……182
セラミド……165,166
グラッシュビスタ……41
グリセリン……17,137,140
クレンジング……4,8,17,29,33,40,51,55,70,73,77,82,95,96,100,105
クレンジングシャンプー……169,193
黒ずみ毛穴……55
化粧水……11,13,17,39,40,91,119,167
ケラチン……151,166,186,190
抗炎症成分……87,113,114,129,225
抗菌剤……146,157,207,208,225
酵素……136,207,208
好転反応……131
香料……61,62,73,74,150,208,215
香料アレルギー……215,216
国内正規品……117
粉体……51,52,58,65
ゴムラテックス……85,86

● さ

細胞間脂質……92,121,127,
細胞膜……183,184
雑菌……145,146,149,150,205,225
殺菌剤……137,146,149,150,226
酸化……17,51,73,75,110,113,169
酸化亜鉛……47,52,151
酸化チタン……47,52
酸素系漂白剤……212
シアノアクリレート……79,80
ジェル型洗剤……207
ジェルネイル……158,160,163,165
紫外線……42,73,107,108,110,113,126,129,159,169
紫外線A波（UVA）……108
紫外線吸収剤……46,73,74,128
色素沈着……65,67,109
シクロメチコン……31,35,59,75,141
自然派コスメ……73
市販シャンプー……170
ジフェニルジメチコン……59

トリートメント……169,174,176,180,182
184,186,196,217,223

● な

ナイロン……53,200,202
ニキビ……7,14,55,107,109,119
131,132,182,205
乳液……14,40,48,119
尿素入りのハンドクリーム……230
ネイルケア……166
粘膜アイライン……60

● は

ハードジェル……160
パーフルオロアルキル（C4-14）
エトキシジメチコン……59
パーマ……169,172,175,178,180,186
ハイドロキノン……109,147
バスタブ用洗剤……233
肌荒れ……75,91,124,131,134,208
肌のかゆみ……199,203
肌バリア……11,16,61,91,92,115
歯磨き粉……225,226
馬油……51,76,139,141,142,167
板状粉体……52
パンダ目……29,32
ハンドクリーム……192,230
ハンドソープ……70,230
非イオン界面活性剤……95,142,210
212,229
ピーリング……137
美髪成分……186
皮脂……29,30,32,48,58,93
101,121,145
皮脂膜……92,121,127,229
美白効果……146
美白成分……147
皮膚環境……133
皮膚常在菌……92,145,149,150,205,231
ビマトプロスト……41

セルフネイル……159
繊維……198
洗顔……94
洗顔料……73,95,96,100
洗濯洗剤……207,208,210
洗濯方法……212
染料……61,62,63,64,66,68,73,74
掃除用の洗剤……232
速乾系マニキュア……162
速乾性……79,81,83
ソフトジェル……161

● た

タール色素……52,65,66,69
ターンオーバー……67,88,105,109
115,126
第三級アミン塩……217,218,223
帯電性（静電気）……100
第四級アンモニウム塩……217,218
221,223
タルク……52
炭化水素油……5,30,59,75,99,129
141,193
炭酸カルシウム……53
炭酸水素ナトリウム……233
炭酸ナトリウム……233
タンパク質……61,62,66,69,139,151
159,181,213,234
ツヤ肌メイク……51
低刺激グルー……83
デオドラント製品……154
テカリ肌……7,51,55
デリケートゾーン用アイテム……146
添加物……73,74,206,208
天然香料……73
天然ゴム……85,86
天然繊維……202
天然素材……73,200,202
天然保湿因子……92,121,127
ドライヤー……157,169,189,190

ミネラルオイル……5,17,51,55,59,99,101
128,140,166
虫歯……224
メイクブラシ……70,203
メラニン……12,29,45,105,110,113,114
メラニン色素……107
メラノサイト……113
綿……199,200
免疫機能……62

●や

優しい洗顔料……99,101,102
有効成分……39,40,119,122,124,225
油剤……59,74,195
油脂……6,17,51,55,73,74,76,77,95
99,128,166,169,230
油脂クレンジング……4,6,99,101
油分……4,14,31,35,51,96
101,128,165
油分過剰……55
陽イオン界面活性剤……137,142,183,185
216,221,222
要注意成分……134

●ら

ライン使い……119
ラウリル硫酸Na……97,101,137,142
175,225
ラテックスアレルギー……85,229
リキッド系……5,58
リップクリーム……88,120,127
両性イオン界面活性剤……218
レーザー治療……109,110
レーヨン……200
老人性色素斑……109

●わ

ワセリン……41,59,129,141,193

日焼け……112,124
日焼け止め……43,44,46,48,102,129
美容液……17,119
敏感肌……8,17,46,91,99,153,212,215
ファンデーション……43,55
フィルムマスカラ……29,32,35,36,41,83
拭き取り化粧水……104
副作用……120,122,124,149
二重メイク……84,86
ブチル系……80
フッ素加工樹脂……55
プラセンタエキス……114,124
プレスドパウダー……57
ヘアアイロン……187,189,190
ヘアオイル……168,195,
ヘアカラー……169,173,181
ヘアケア成分……139,187
ヘアスタイリング剤……193,194
ヘアスプレー……193,195
ヘアミスト……169,189,191
ヘアワックス……192,195
並行輸入品……41,117
ベースメイク……46,49,51,59
ヘマチン……139,180,186
芳香物質……73,76,216
防腐剤……9,13,56,81,231
ボディシート……152,154
ボディソープ……145,230
ポリエステル……199,200,203

●ま

マイカ……52
マイナスイオン……156
枕カバー……205
麻酔剤……225,226
マスカラ下地……35,36
まつエク……33,78,82
まつエクのグルー……79,80
まつ毛美容液……38,40
マニキュア……162,165

STAFF

イラスト……つぼゆり／川杉早希
装丁・本文デザイン……野村友美（mom design）
撮影……長谷川梓
ヘアメイク……市川良子
モデル……中井さくら（SPACE CRAFT）
構成……粕谷久美子
校正……深澤晴彦
編集……野秋真紀子・森公子（ヴュー企画）
編集統括……吉本光里（ワニブックス）

オトナ女子のための美容化学
しない美容

著者　かずのすけ

2018年3月10日　初版発行

発行者　横内正昭
編集人　青柳有紀
発行所　株式会社ワニブックス
〒150-8482
東京都渋谷区恵比寿4-4-9　えびす大黒ビル
電話　03-5449-2711（代表）
03-5449-2716（編集部）
ワニブックスHP　http://www.wani.co.jp/
WANI BOOKOUT　http://www.wanibookout.com/
印刷所　凸版印刷株式会社
製本所　ナショナル製本

本書で紹介した方法を実行した場合の効果には個人差があります。

また、持病をお持ちの方、現在通院をされている方は、
事前に主治医と相談の上、実行してください。

定価はカバーに表示してあります。

落丁本・乱丁本は小社管理部宛にお送りください。送料は小社負担にてお取替えいたします。

ただし、古書店等で購入したものに関してはお取替えできません。

ISBN 978-4-8470-9658-7